Das Schlittelbuch

D1718133

DAS SCHLITTELBUCH

Schlittelwege, Schlittelbahnen, Schlittelgeschichten

etcetera

© 1995 etcetera Werbung & Verlag, Luzern
Herausgeberinnen: Liz Gebistorf, Yvonne Villiger
Umschlaggestaltung: Christina Eleganti, Luzern
Printed in Germany
ISBN 3–905551–02–0
Alle Rechte, auch die der Bearbeitung und auszugsweisen
Vervielfältigung, gleich durch welche Medien, vorbehalten.
Alle Informationen in diesem Buch wurden nach bestem Wis-
sen und Gewissen kontrolliert. Weder die Herausgeberinnen
noch der Verlag können jedoch für Schäden haftbar gemacht
werden, die in Zusammenhang mit der Verwendung des
Buches stehen.

INHALTSVERZEICHNIS

VORWORT

Welche andere Sportart kann dies schon von sich behaupten: Es sind keine teuren Unterrichtsstunden nötig, um sie zu erlernen. Frei jeglichen Modediktats zieht jede und jeder an, was warm hält und gefällt. Das Fahrutensil, einmal angeschafft, tut seinen Dienst meist viele Jahre lang. Und der Sport lässt sich alleine oder in der Gruppe, tagsüber oder nachts ausüben und ist ein Naturerlebnis sondergleichen. Kurz und gut: Schlitteln liegt im Trend!

Eine Menge unterhaltsamer Beiträge rund um die wiederentdeckte Winter- und Plauschsportart enthält dieses Buch. Geschichte des Schlittelns, Schlittenbauen, Schlittenhunde, Schlittentypen und Schlittelklubs sind nur einige der Stichworte. Und dann natürlich die Schlittelwege und -bahnen in der Schweiz. Viele davon werden ab Seite 91 im Detail vorgestellt.

Wir wünschen Ihnen viel Spass bei der Spurensuche und bei Ihren persönlichen Schlittelabenteuern!

STREIFZUG DURCH DIE
GESCHICHTE DES SCHLITTENS

Unter den Landtransportgeräten der Menschheit ist der Schlitten vermutlich das zweitälteste. Bodenfunde aus dem Hohen Norden werden auf rund 7000 Jahre geschätzt. Erste Bildzeugnisse, sogenannte Piktogramme, kennen wir aus dem Zweistromland zwischen Euphrat und Tigris, ihr Alter beträgt ca. 5500 Jahre. Entwicklungsgeschichtlich vermutet man, dass der Schlitten aus der Schleife entwickelt worden sei.

Eine der jüngsten Formen von Schleifen, die von Pferden gezogen wurden, verwendeten die Indianer Nordamerikas auf ihrer Wanderschaft zu anderen Jagdgründen, und zwar bis ins 20. Jahrhundert! Im Winter allerdings luden sie ihre Lasten auf «toboggans», das heisst Schlitten, die sie meist selber zogen (Indianerschlitten sind erst sehr spät entwickelt worden).
Was wir heute als klassisches Wintertransportmittel oder -sportgerät kennen, war ursprünglich keineswegs an eine Jahreszeit gebunden. Schlitten brauchte man in Mesopotamien und im Alten Ägypten auch in der schneelosen Periode zum Transport von schweren Lasten, etwa für Steinblöcke zum Bau von Pyramiden. Bis tief in unser Jahrhundert fuhren Schlitten über Kopfsteinpflaster auf der Insel Madeira, und im Alpenraum waren die sogenannten Hörnerschlitten lange im Sommer, im Herbst wie im Winter in Gebrauch, allerdings nur in abschüssigem Gelände. Zumindest bei den Sumerern der Frühzeit (nach 3700 v. Chr.) war der Schlitten der direkte Vorläufer des Wa-

Eine Tailingparty

gens. Die bereits erwähnten Piktogramme aus Mesopotamien zeigen nämlich neben Schlitten bereits ‹Schlitten mit Rädern›, das heisst Wagen.

Die Grundtypen

In der unübersehbaren Formenvielfalt von Schlitten sind folgende Grundtypen zu unterscheiden:

1. Gestossene und geschobene sowie gezogene Schlitten
2. Abfahrtsschlitten und
3. Motorschlitten

Nur die erste und die dritte Gruppe sind geeignet, auch konstante Steigungen zu überwinden. Sportschlitten im engeren Sinn gehören fast alle zur Kategorie der Abfahrtsschlitten, Ausnahmen bilden die Segelschlitten (mit Windschub) sowie die Pferdeschlitten, beispielsweise die russischen Troikas, auf denen gelegentlich Wettrennen veranstaltet werden.

Die Vorläufer der Sportschlitten

Spontane Wettrennen mit Zugschlitten hat es wohl schon in den nordischen Gebieten der Inuit gegeben, bevor die asiatische Einwanderung einsetzte. Rentiere waren damals, was in anderen Kulturen die Pferde. Einen organisierten Schlittensport allerdings sucht man vor dem letzten Fünftel des 19. Jahrhunderts weltweit vergebens.

Ein Davoser Bergheuer mit einem Hörnerschlitten

Kesslerschlitten 1766 (oben) und Kjälker

In den europäischen Alpen dienten Schlitten aller Art für den Lastentransport. Adelige und grossbürgerliche Kreise tauschten die Kutsche im Winter gegen Schlitten, die oft prunkvoll ausgestattet waren, weil sie – ähnlich wie heute Luxuslimousinen – auch Renommierzwecken dienten.

Der grosse Schritt zum Schlittensport ist in den Alpentälern der Schweiz gewagt worden, in einem Land, das zwar in den Städten auch Prunkschlitten kannte, in den Hochtälern indessen nur ein paar Typen von Nutz- und kleineren Personenschlitten. Die kompakten «Kessler-» oder «Rollischlitten», die zum Beispiel in Zürich und Bern als Untersatz für fröhliche Abfahrten von Kindern und Erwachsenen dienten, waren im Gebirge kaum verbreitet. Ihren Namen haben diese Typen von den Eisenringen oder Schellen unterhalb der Sitzfläche, die an zwei Querstangen unterhalb der Sitzfläche angebracht sind, wobei jede Unebenheit der Bahn ein lustiges «Kesseln» oder «Rollen» hervorruft.

In den Tälern des Berner Oberlandes und Bündnerlandes entwickelte sich um die Wende vom 18. zum 19. Jahrhundert jenes «Schlittli», das zum ersten internationalen Sportmodell werden sollte. Um etwa 1860 hat es seine Grundform erreicht. Eng verwandt mit dem norwegischen «Kjälker» weisen die erhaltenen Exemplare eine leichte Konstruktion auf, die auf feste Seitenwangen verzichtet. Die eisenbeschlagenen Kufen und die Sitzebene sind durch vertikale, verzapfte Holzstreben verbunden. Zwei oder mehr vertikale Stege dienen als Stütze für den Sitzrost, der aus dünnen Rundstäben oder Latten in Laufrichtung besteht.
Die Steuerung dieser Schlitten, aus denen später die berühmten

«Davoser» und «Grindelwaldner» abgeleitet worden sind, erfolgte mit den Schuhen, mit dem Zugseil und zusätzlich durch Gewichtsverlagerung. Ein Wesensmerkmal der schweizerischen Schlitten bestand darin, dass man sie sitzend fuhr.

Die Pioniere

Wie auf anderen Gebieten waren es im Schlittensport die Kurgäste, die unser Land richtiggehend kolonisierten. Die idealen klimatischen und topographischen Voraussetzungen des Schweizer Winters waren eine Grundlage. Die zweite war rein gesellschaftlicher Art: Wer sich in das ausgehende 19. Jahrhundert, in einen ruhigen Kurort in den Alpen zurückversetzt,

Schlittelstangen zum Lenken klemmte man unter die Achsel

wird verstehen, dass unternehmungslustige britische Sportsleute jede Gelegenheit nutzten, um Langeweile durch spannende Wettkämpfe zu ersetzen. «Wett-kampf» hat nämlich den ursprünglichen Sinn, dass auf messbare Leistungen Wetten abgeschlossen werden können, und darüber hinaus boten Grossveranstaltungen allemal Gelegenheit zu «Abschluss-banketten», was wiederum der britischen Tradition vollends entgegenkam. Es waren vorwiegend angelsächsische Kuraufenthalter, die unter anderem den Schlittensport aus der Taufe hoben, indem sie lokale Gegebenheiten nutzten und verbesserten, um der Eintönigkeit zu entrinnen.

Davos, die Urheimat der internationalen Schlittenrennen

Davos hat als Luftkurort eine stattliche Anzahl bedeutender Patienten angezogen. Einer unter ihnen, der englische Kulturhistoriker John Addington Symonds (1850–1893), wurde der Vater des modernen Schlittensports. Kleinere Rennen unter Hotelgästen hatte es schon vorher gegeben. Die Briten hatten das «Schlittli» 1877 entdeckt, und es heisst, sie seien so versessen darauf gewesen, damit zu fahren, dass sie es kauften, entlehnten oder sogar stahlen! Zur Sportbewegung aber fehlte die Initialzündung, das heisst ein internationales Rennen.
Am 12. Februar 1883 war es soweit. Dieses erste bedeutende Schlittenrennen der Welt war in Wirklichkeit ein Wettkampf zwischen lokalen Kurgästen verschiedener Nationen und Einheimischen. Immerhin war die Idee geboren! Mit der nach ihm benannten Trophäe, dem inzwischen verschollenen «Symonds

Stephen Whitney, 1889

Shield», stiftete der initiative Engländer – ohne es zu ahnen – den ersten internationalen Wanderpreis der Alpen im Wintersport!

Neue Modelle, neue Anlagen

Der traditionelle Schweizerschlitten wurde mit zwei stachelbewehrten Stöcken angetrieben und gebremst. Der Boom liess sich indessen nicht aufhalten: die nicht weniger rührigen Kurgäste von St. Moritz, die sich regelmässig mit jenen in Davos massen, liessen 1885 den berühmten «Cresta Run» von St. Moritz nach Celerina bauen, eine vereiste Schneebahn, die bis heute als schnellste Schlittenbahn der Welt gilt. Im Schoss der Internationalen Rennen von Davos tauchten allmählich auch neue Schlittenmodelle auf. Der Amerikaner Child führte im Winter 1887/88 den niedrigen «clipper-sled» oder «America» ein und gewann das «International», wobei er seitlich liegend und kopfvoran steuerte. Mit dem neuen Modell waren die Engländer und Amerikaner den Einheimischen endlich überlegen. Bereits im Winter 1888/89 versuchte der New Yorker Stephen Whitney in Davos, mit zwei gekoppelten «Americas» zu fahren. Auf einem Verbindungsbrett fuhr er bäuchlings und steuerte den Vorderschlitten mittels einer vertikalen Achse und zwei seitlichen Griffen: der «bob-sled» (amerikanisch) oder «bobsleigh» (britisch) war geboren! Obwohl Whitney am grossen Rennen von 1889 diesen Bob nicht verwenden durfte, siegte er, indem er den Hinterschlitten abkoppelte und auf dem Vorderteil, wiederum kopfvoran fahrend, Bestzeit erreichte.

Major Bulpett, ein St. Moritzer Habitué, fand im Schmied Mathis den begabten Handwerker, der kühne Ideen umzusetzen wusste: Der klassische «America» wurde zum blossen Stahlgerüst umfunktioniert, dem «Skeleton», bei dem die Seitenbretter völlig weggelassen wurden. Der Skeleton behauptet sich seither als ideales Gefährt auf Eisbahnen. Bulpett und Mathis schufen auch das Folgemodell des Einmann-Bobsleds von Whitney. Sie koppelten zwei Skeletons, versahen sie mit einer Seilsteuerung und konstruierten «Bobsleighs» für drei bis fünf Personen.

Bereits Mitte der 1890er Jahre war der Bobsport salonfähig! 1895 wurde in St. Moritz der erste Bob-Club der Welt aus der Taufe gehoben, wobei der «St. Moritz Tobogganing Club» (die Cresta-Vereinigung) Patenfunktion hatte. In allen Alpentälern setzten sich der Skeleton und der Bobsleigh durch. Als St. Moritz 1904 den «Bobsleigh-Run» eröffnete, war der Grundstein für die nationale und internationale Entwicklung gelegt! Allein in der Schweiz gab es um 1912 bereits über 60 Bobbahnen, davon waren allerdings über 40 nicht mehr als hergerichtete Alpenstrassen. In Davos, in Engelberg, im Berner Oberland, in den Waadtländer Alpen, ja sogar im Girenbad (Zürcher Oberland) fanden internationale Wettbewerbe statt. Heute ist in der Schweiz nur noch die altehrwürdige Bobbahn von St. Moritz erhalten geblieben! Sie gehört (neben Cervinia) zu den zwei letzten Natureis-Bobbahnen der Welt.

Bobfahrer auf der Schatzalp-Bobbahn

Das Naturbahnschlitteln

Während der Skeleton- und der Bobsport, die in Davos und St. Moritz auf der Basis des einheimischen Naturbahnschlittelns entstanden sind, auch international völlig eigene Wege gingen, hielt sich die traditionelle Form bis heute. Tüchtige Wagner in Grindelwald und Davos fertigten neben den leichten Volksmodellen bis in die 1950er Jahre schwere Rennschlitten (Ein- und Zweisitzer). Von den 1920er bis in die 1950er Jahre steuerte man nach Norweger Art, das heisst mit einer bis zu 4 Meter langen Stange, die man unter den Arm klemmte.

Die internationale Bewegung verlief mehr in Richtung Rodeln, wobei die Rodel aus Österreich und Bayern allmählich zum Fahrstil in völliger Rückenlage überleiteten. Während Skeletonwettbewerbe nur an den Olympischen Spielen von St. Moritz 1928 und 1948 als Demonstrationssportart durchgeführt wurden, gehören Bobrennen seit 1924 und das Rodeln seit 1964 (Innsbruck) zum festen Olympischen Programm.

Volkssport Schlitteln

Mittlerweile ist das Schlitteln zum beliebten Volkssport, vor allem auch für Familien, geworden. Abseits vom grossen Sportbetrieb bieten viele Winterkurorte Schlittelbahnen an, die sowohl für den reinen «Familienplausch» wie auch für Rennen tauglich sind. Die direkten Nachfolger der alten Schlittenrennen werden «Naturbahnschlitteln» oder «Naturbahnrodeln» genannt.

Im Schoss des Internationalen Bob- und Schlittensportverban-

Weltmeisterin im Schlitteln 1961: Elisabeth Nagele (rechts)

des werden immer noch Landes-, Europa- und Weltmeisterschaften ausgetragen. Bei diesen Ausscheidungen haben die alten Davoser und Grindelwaldner Schlitten längst ausgedient. Vorne stark zusammenlaufende Kufen, halb Sitz-, halb Rückenlage kennzeichnen den jüngeren Stil im Naturbahnschlitteln. 1961 wurde die Davoserin Elisabeth Nagele im Girenbad Weltmeisterin. In offiziellen Werken wird sie unter der Rubrik «Rodeln» als solche aufgeführt. Wenn wir vom olympisch etablierten «Rodeln» absehen und eine Begriffsverwirrung vermeiden wollen, müssen wir wissen, dass «Schlitteln» und «Rodeln» Synonyme sind, wobei die erste Bezeichnung schweizerisch, die zweite österreichisch-deutsch geprägt ist.

Wer also heute einen traditionellen «Davoser» oder «Grindelwaldner» besteigt, um den herrlichen Winter in der Schweiz hautnah zu erleben, mag daran denken, dass diese beiden Schlittenformen am Anfang einer vielfältigen Bewegung stehen, die wir gemeinhin unter dem Sammelbegriff «Schlittensport» zusammenfassen. Obwohl sie vom Spitzensport verbannt sind, vermitteln die klassischen Schweizerschlitten nach wie vor ein Höchstmass an Fahrvergnügen und Naturerlebnis!

BAROCKSCHLITTEN

Besonders prachtvoll waren die Barockschlitten, reich skulpiert und in lebhaften Farben. Ein besonders beliebtes Schmuckmotiv war beispielsweise der Schwanenschlitten. Kunsthandwerker verzierten die Schlitten oft mit den Wappen der künftigen Besitzer oder schnitzten ihn in Form eines im Wappen vorkommenden Tieres.

In der Schweiz kamen im 18. Jahrhundert prunkvolle Schlittenfahrten von Angehörigen der Oberschicht in Mode. Eine solche ist für Bern überliefert:

«Während den Monaten, Dezember und Januar waren gewöhnlich wenigstens jede Woche einmal Schlittenfahrten von zwanzig bis dreissig zierlich sculpierten, vergoldeten oder bemalten, grossen Rennschlitten mit Schwänen, Adler, Löwen, Tiger, oder Amor und Cupido-Figuren (die im Grund auch eigentliche, kleine Löwen und Tiger sind oder waren; denn heute beissen sie nur selten mehr). Die Schlitten waren in ihrer Muschel von einer schönen, in reiche Pelze gehüllten Dame besetzt, hinter welcher auf einem schwebenden Sitz ein ebenfalls in einem scharlachenen oder himmelblauen oder grünen Pelzrock gehüllter Herr den zärtlichen Cicisbeo spielte und seiner Schönen zärtliche Fleurettes ins Ohr flüsterte! – Zwei bis vier, mit Pelz-Bändern und vielen daran genähten vergoldeten Schellen verzierte Pferde, von Postillionen in kurzen, scharlachroten Jacken und gelbledernen Beinkleidern und mit knallenden

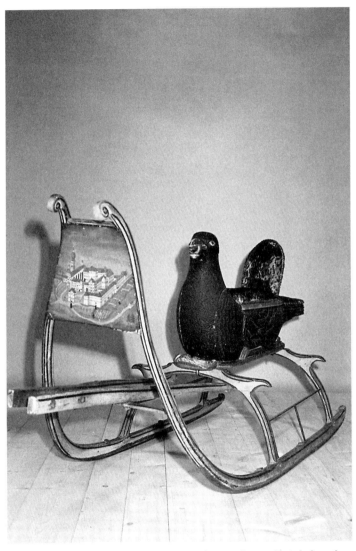

Rabenschlitten aus dem späten 18. Jahrhundert

Schlittenkasten, 18. Jh. (oben) und Stoss-Schlitten, 19. Jh.

Peitschen angetrieben – durchflogen die weisse Boden-Decke, vom Christoffel-Thurm bis zur Kreuzgass, in mehreren Touren, einen grossen Musikanten-Schlitten voraus, aus welchem von mehr als zwanzig Musikanten eine tobende Pauken- und türkische Musik erscholl! – Alle Schwibbogen der Arcaden und Fenster der Häuser waren mit unzählbaren Zuschauern angefüllt, was alles zusammen ein ungemein schönes und lebhaftes Spektakel gewährte! Zuweilen wurden dergleichen Schlittenfahrten des Nachts mit Fackeln gehalten, was denn vollends prachtvoll war, und sich, nach einem Dutzend Touren die Stadt hinauf und hinunter, durch einen Ball im neu erbauten Hotel de Musique endigte.» (Nach H.U. von Erlach)

Daneben gab es aber auch eine ganz andere Welt: In der Winterzeit war nicht nur die Landschaft mit Schnee überzogen, es war auch die Zeit der Fasnacht. Und während dieser Zeit galten (und gelten) bekanntlich andere Regeln und Gesetze als während des übrigen Jahres. So wärmte man einerseits längst Vergangenes auf, andererseits tauchte man in andere Welten ein. Diese klangen in allegorischen Darstellungen an und reichen von der Tiefe des Meeres bis zu Himmelswesen wie etwa einem Drachen. Auch Motive wie der Hund, das Schwein oder der Schuh, die alle einen symbolischen Sinn ausdrücken, gehörten dazu.

Auf das Ende des Jahrhunderts hin ist dann bei vielen schweizerischen Schlitten die neue, strengere Richtung des Klassizismus spürbar. Die Rennschlitten wurden weniger reich verziert und die figürlichen Darstellungen beschränkten sich auf den Kufenzusammenlauf respektive die vorderen Kufenenden.

SCHWEIZER HOLZSCHLITTEN

Aroser, Grindelwaldner...

Wie bereits erwähnt wurden Mitte des 19. Jahrhunderts in den Alpenländern eine Vielzahl von verschiedenen Schlitten kommerziell hergestellt. Wer kennt nicht deren Namen: Aroser, Allemann, Grindelwaldner und der Davoser Schlitten, der Innsbrucker und der Tiroler Rodel, 1861 auch der PMC (Paris Mfg. Co. in South Paris, Maine, USA) und 1889 der Flexible Flyer, ebenfalls aus den USA. Der wohl bekannteste Schlitten ist jedoch immer noch der Davoser. Ursprünglich war er etwas niedriger, breiter und schwerer als der heute unter diesem Namen erhältliche Schlitten: dadurch kippte er bei den damals sehr beliebten Schlittenrennen weniger um und war schneller.

...und der klassische Davoser

Als eigentlichen Vater des ursprünglichen Davoser Schlittens darf sicher der Davoser Wagner Emanuel Heinz-Friberg bezeichnet werden, ein Onkel des weiterum bekannten und beliebten Wagners und Rennschlittlers Emanuel Friberg.
Heinz-Friberg hatte schon 1865 am Guggerbach in Davos Platz die ersten Schlitten gebaut. Als Friberg 1922 die Wagnerei seines Onkels übernahm, setzte er die Tradition des Schlittenbauens fort. Er entwickelte einen sehr schnellen Rennschlit-

Auch Arthur Conan Doyle war ein begeisterter Schlittler

ten, bedeutend schwerer und im Gegensatz zum Heinz-Friberg-Schlitten vorne etwas verjüngt. Auch Tobias Branger, Rudolf Ettinger und August Hartkopf bauten Davoser Schlitten.

Tobias Branger fertigte seinen Davoser Sportschlitten mit Rentierkopf als Schutzmarke im Centralhof in Davos Platz. Bereits 1892 erhielt er für seine Schlitten an einer internationalen Sportausstellung in Scheveningen (Holland) eine Goldmedaille. Ruedi Ettinger bot schon 1910 im «Sport» vom 4. November «Echte Davoser Schlitten mit Stahlsohle» an. Auch die Holzwarenfabrik Murgenthal AG pries im selben Heft echte Davoser Schlitten an.

Rennschlitten

Einige sehr schnelle Davoser Rennschlitten baute Emanuel Friberg 1928 nach den Plänen von August Hartkopf, Schlosserei und Bobfabrikation in Davos Dorf. Diese Schlitten wurden in der eigenen Werkstätte mit schweren Eisenbeschlägen ausgestattet. Sehr typisch am Hartkopf-Schlitten waren die vorne geschweiften Holme für die Beine. Die Heinz-Friberg- und Hartkopf-Schlitten waren, mit wenigen Ausnahmen, immer mit Rosshaar gepolstert. Im Gegensatz zu Heinz und Friberg liessen Branger, Ettinger und Hartkopf ihre Schlitten patentieren.

EIN SCHLITTENRENNEN ANNO 1886

Der alpine Wintersport hat das altehrwürdige Schlitteln (Gögeln) zur Grundlage. Wie bereits ausführlich beschrieben, widmeten sich ursprünglich nur hergereiste Fremde – vorwiegend Engländer – diesem Freizeitvergnügen. Bald packte jedoch auch die Einheimischen die Lust, sich mit den englischen Gästen zu messen. Und auch Unverheiratete belustigten sich des öfteren und gerne mit «gögeln». Dabei durften natürlich die Dorfschönen nicht fehlen. Sie traten in der «Juppe» an. Auch wenn es heute unwahrscheinlich klingt: Damals hätte kein anständiges gutbürgerliches Mädchen es gewagt, in Männerhosen zu erscheinen.

An die männlichen Schlittelkanonen stellte das Tenue keine Probleme Man schlittelte in den Alltagskleidern aus urchigem, selbstgewobenem Bündnertuch, sogar mit einem steifen Kragen und Krawatte. Als Kopfbedeckung trugen die Schlittler eine Pelz- oder Wollmütze, manchmal – bei warmer Witterung – gar nur einen Hut. Die Beine wurden durch Wadenbinden oder Stoffgamaschen vor Kälte und Schnee geschützt. Mit gestrickten Kleidungsstücken tauchten später die Engländer auf.

Das erste wichtige Schlittenrennen der Schweiz fand 1883 in Davos statt. Welch eine Bedeutung einem damaligen Schlittenrennen zukam, vermittelt der nachfolgende Text. Er erschien im Bündner Tagblatt vom 25. Februar 1886:

Schlittler, um die Jahrhundertwende bei der Bergstation Schatzalp, Dav

«St. Moritz, 22. Februar 1886

Heute war der lang ersehnte Tag des längst vorbereiteten Wett-
schlittelns von der hiesigen katholischen Kirche über die alte
Strasse hinunter in die Wiesenau von Cresta-Celerina, in einer
Bahnlänge von 1230m. Das Gefälle mag 13—25 Prozent be-
tragen. Am Wettkampf beteiligten sich 4 Deutsche, 2 von hier
und 2 von Davos und Klosters, und 12 Engländer, je 6 von hier
und von Davos. Mehrere hundert Personen aus Nah und Fern –
an verschiedenen Orten in Knäueln aufgestellt – waren Zeugen
des kühnen Wettspiels. Gestern abend legten die im Kurhaus
Kulm weilenden Engländer eine Summe von Fr. 2000.– als
Wettbetrag zusammen. Liebliche, angenehme Witterung be-
günstigte die ganze Komödie. Im Ganzen wurde Unglaubliches
geleiset, wenn auch Mancher seinen zu grossen Eifer mit einem
gewaltigen «Trol» büssen musste.

Als Sieger des Tages wurde wieder einmal der bekannte Cham-
pion Peter Minsch von Klosters proklamiert. Derselbe legte die
Strecke von 1230m mit Hilfe seines «Gögels» in 1 Minute und
31 2/5 Sekunden zurück. Nebst dem ersten Preis von Fr. 150.–
bekommt dieser wackere Streiter noch einen Ehrenpreis von
Fr. 100.– für die Blitzfahrt. Wer nicht Augenzeuge war, kann
sich von diesem – echt englischen – Sport keine richtige Vor-
stellung machen. Mancher Zuschauer mit nüchterner Lebensan-
schauung macht über dieses ganze Gebahren, welches ein Höl-
lengeld kostet, seine stillen Reflexionen, welche dem Wettschlit-
teln nicht Schritt halten.»

IN GEORDNETEN BAHNEN

«Mit Buire eläi, wie wettid mier als Familie läbe?» Bauer Schleiss weiss die Antwort: Nein, das ginge nicht. Seine am Fusse des Engelberger Bannwaldes gelegenen sechs Hektaren Land, die sieben Kühe und fünf Kälber bringen ihm zuwenig zum Leben und zuviel zum Sterben. Nur ein Nebenverdienst kann da helfen. Und darum präpariert er jeweils von November bis März die Engelberger Schlittelbahn. Das Doppelleben bringt aber ein hartes Stück Arbeit mit sich: Jede Nacht verlässt er um vier Uhr sein Bett und arbeitet bis sieben im Stall. Nach einer gründlichen Morgentoilette – «ich bin ja schliesslich den ganzen Tag unter Leuten» – gibt es ein zünftiges Frühstück. Anschliessend bringt er die Milch ins Kloster, die zwei Kinder in die Schule und beginnt pünktlich um acht Uhr mit seinem Tagwerk.

Die Engelberger Schlittelbahn wurde 1905 zum ersten Mal erstellt. Sie gehört damit zu den ältesten in der Schweiz. Auf der 3,5 Kilometer langen Alp- und Forststrasse, die Engelberg mit der Gerschnialp verbindet, flitzten ursprünglich vor allem Bobfahrer den Berg runter.
Die bis 1934 regelmässig stattfindenden internationalen Bobrennen machten Engelberg als Wintersportort bekannt. Die ortsansässigen Fahrer profitierten von der Infrastruktur und errangen regelmässig Spitzenplätze. Allen voran: Fritz Feierabend. Der sechsfache Weltmeister konstruierte ausserdem einen neuen Stahlbob, der bahnbrechend einschlug. Feierabend-

Bobs aus Engelberg hatten darauf lange Zeit die Nase vorn. Mit der technischen Perfektionierung des Gleitmaterials wurde das Fahren auf der schnellen Naturbahn allmählich zu gefährlich. Die Rennrodel verdrängten die sogenannten Bobsleighs. An den bis 1966 durchgeführten Wettkämpfen vermochten die Engelberger jedoch nicht besonders zu überzeugen. Nur einmal glänzte ein Einheimischer: Walter Matter wurde 1960 Schweizer Meister – im gleichen Winter, als Adolf Schleiss Schlittelbahn-Chefkonstrukteur wurde.

Damit Bauer Schleiss zu seinem Nebenverdienst kommt, braucht es Schnee. Natürlich. Und früher hatte es davon mehr als genug. «Nicht selten legte es über Nacht solche Massen hin, dass wir bis zum Bauch drin stecken blieben», erinnert er sich. Auch beim Präparieren der Bahn kamen sie oft nur langsam vorwärts. An besonders komplexen Kurvenpartien hatten Schleiss und seine Mitarbeiter bis neun Stunden zu werken: Zuerst durchnässten sie den Untergrund literweise mit Wasser, damit die Masse nach dem Vereisen kompakt wird; der darauf geworfene Schnee wurde laufend festgestampft, bis die Wand die gewünschte Höhe erreichte; anschliessend formte Schleiss die Innenwand zu einer aalglatten Fläche und modellierte die Boden und Wand verbindende Rundung. Nach der Fertigstellung des Eis-Skeletts hatte Adolf Schleiss für den Unterhalt zu sorgen: Er durchwässerte regelmässig die Bahn und räumte sie nach Schneefall mit Hilfe eines eigens dafür konstruierten, seitlich verstellbaren Spitzpfluges, der von einem Pferd gezogen wurde.

Heutzutage läuft vieles anders. Zwar macht sich immer noch der alte Schneepflug eine Gasse durch die Schneemasse und der bald sechzigjährige Adolf Schleiss legt immer noch Hand an, aber ihm zur Seite stehen nicht mehr zwölf Männer und ein Pferd. Heute genügen drei Mitarbeiter, ein Pistenfahrzeug und ein Aebi-Transporter. Die Motorfahrzeuge haben einen Grossteil der körperlichen Arbeiten übernommen. Seit die Titlisbahn-Betriebe für den Unterhalt zuständig sind, darf Schlitten-Schleiss ausserdem die Kurvenpartien nicht mehr so hoch bauen. Dadurch wird der Arbeitsaufwand reduziert und Geschwindigkeiten bis zu 80 Stundenkilometer sind nicht mehr erreichbar, da kaum noch aus den Kurven heraus beschleunigt werden kann. «Das ist schade», sagt er, «aber ich kann verstehen, dass man das Tempo aus der Bahn nehmen will.» Früher, als vor allem Rennrodel den Kanal runterfuhren, musste die Spur schnell sein. Mit den heutzutage verwendeten Holzschlitten und den ständig steigenden Besucherzahlen wäre das Unfallrisiko zu gross. Im vergangenen Winter zählte Schleiss bis 2000 Fahrten pro Tag. Das bedeutet auch viel Arbeit für das Schlittenteam, denn die meisten Holzgestelle, die auf der Bahn verkehren, sind Mietschlitten («Engelberger») und müssen nach jeder Talfahrt wieder zur Gerschnialp transportiert werden.

Wenn Bauer Schleiss um 16.30 Uhr seine Bahn verlässt, gibt es für ihn noch viel zu tun: der Stall ruft. Erst gegen halb acht kann er seine Beine ausstrecken. Nicht selten schläft er während dem Abendessen ein. Und nicht selten kann er sich darauf noch nicht hinlegen. Dann nämlich, wenn er nochmals hoch zur Bahn muss: Nachtschlitteln ist angesagt. Im Winter gibt es meistens nicht mehr als Arbeiten, Schlafen und Essen. «Der Vorteil dabei ist aber», so Adolf Schleiss, «dass man dabei nicht viel zum Studieren kommt.» 1997 wird er ein Jubiläum feiern: 40 Jahre

Schlitten-Schleiss. Er hofft, auch danach weiterhin die Engelberger Schlittelbahn bauen zu können. «Ich bin doch der einzige, der das alte System noch kennt», sagt er und macht sich auf in Richtung Stall.

TEMPORAUSCH

Interview mit dem Steuermann Reto Goetschi, Silbermedaillengewinner im Zweierbob an den Olympischen Spielen in Lillehammer und derzeitige Nummer 1 der Schweizer Bobfahrer

Steuert der Bobpilot Goetschi auch Holzschlitten?

Reto Goetschi: Ja, aber sehr selten. Der Bobsport lässt mir dazu kaum Zeit. Die habe ich meistens erst im Frühling, aber dann sind die Schlittelbahnen nicht mehr geöffnet. Ich würde es jedoch sehr gerne mehr tun.

Schlitteln muss für sie etwa dasselbe sein wie für einen Autorennfahrer, mit einer Seifenkiste zu fahren. Ist ihnen das nicht zu langweilig?

Goetschi: Schlitteln ist natürlich schon etwas ganz anderes als das Bobfahren. Wenn ich mich aber an früher zurückerinnere, übte das Schlitteln schon früh einen besonderen Reiz auf mich aus. Jeweils an den schulfreien Mittwoch- und Freitagnachmittagen und an den Wochenenden habe ich mich auf den Schlitten gesetzt. Dabei faszinierte mich vor allem die Geschwindigkeit, mit der man den Berg runterfahren kann, aber auch die Möglichkeit, ein Gefährt selbständig und mit einfachen Mitteln – mit den Füssen oder durch Gewichtsverlagerung – zu steuern.

Das Steuern eines Bobs ist aber selbstverständlich ganz etwas anderes: Wir Bobfahrer ziehen an Steuerseilen, die an die vordere Achse gehen. Wir arbeiten auch mehr mit Druck. Vor allem wenn wir hoch in den Steilwandkurven fahren. Ebenso ist das Material nicht mit einem Holzschlitten zu vergleichen, der im übrigen auf Eis auch kaum zu steuern ist.

Können sie auch mit einem Davoser Schlitten einen Temporausch haben?

Goetschi: Ja sicher. Wenn man den Schlitten richtig sausen lässt und dazu auf Schlittelwegen oder Schlittelbahnen fährt, die gut präpariert sind, bekommt man schon ein ziemliches Tempo.

Wo schlitteln Sie, wenn Sie dazu kommen?

Goetschi: Am meisten und am liebsten gehe ich bei mir zu Hause am Albis schlitteln. Dort hat es einen Wanderweg. Wenn er schneebedeckt und entsprechend gepfadet ist, dann hat es dort eine ganz gute, schnelle Unterlage. Und wenn auch noch die richtigen Temperaturen dazu kommen, «fegt» das nicht schlecht.

Präparieren Sie Ihren Schlitten?

Goetschi: Ja. Im letzten Winter, als ich einmal Zeit hatte, versuchte ich es mit einem Gleitmittel, das ich auch beim Bobfahren verwende. Ausserdem habe ich auch die Kufen geschliffen.

Und das hat hingehauen?

Goetschi: Ja, unheimlich. Ich war sehr überrascht. Nur schon dass der Rost weg war, der sich durch die Lagerung im Keller ansammelt, hatte eine Temposteigerung zur Folge. Und durch den Schliff mit einem feinen Papier und dem Seifenöl, das ich darüber gestrichen hatte, kam mein Davoser ziemlich gut in Fahrt.

Wenn Sie schlitteln, tun Sie das alleine oder mit Freunden?

Goetschi: In der Regel nehme ich meine Frau oder Freunde mit.

Wer steuert dann?

Goetschi: Ich natürlich (lacht).

Können Sie sich auch lediglich als Passagier auf einen Schlitten setzen? Die Kontrolle darüber jemand anderem überlassen?

Goetschi: Nein, das geht nicht. Das war aber schon immer so. Ich war auch als kleiner Junge immer derjenige, der steuerte. Ich gebe nicht gerne das Steuer aus der Hand. Ebenso mag ich auch die Abfahrten nicht, bei denen mehrere Schlitten aneinandergekettet sind. Ich bin nicht gerne ein Glied in einer Kette. Sogar wenn ich zuvorderst fahre und steuern darf. Am ehesten geht es noch, wenn ich zuhinterst bin. Da kann man noch wegspringen, wenn etwas geschieht.

Sie sprechen es an: Schlitteln kann mitunter gefährlich sein.

Goetschi: Ja. Bei uns am Albis konnte man schon vielfach die Spuren davon sehen. Der Weg ist ziemlich steil und am Rand stehen viele Bäume, zum Teil sehr nahe an der Schlittelbahn. Da gibt es einige Bäume zu sehen, die deutliche Spuren eines Aufpralls aufweisen. Vermutlich hat auch nicht bloss der Baum eine Wunde davongetragen.

Was würden Sie als Schussfahrt-Profi den Schlittenfahrern empfehlen, damit ihr Freizeitvergnügen nicht mit einem Krankenhaus-Aufenthalt endet?

Goetschi: Das wichtigste scheint mir, dass man den Weg hinaufläuft, den man auch runterfährt. Dann sieht man nämlich Gefahren voraus: Löcher, enge Kurven usw. Es ist immer dann problematisch, wenn man eine Strecke runterfährt, die man nicht kennt. Falls man mit einer Bahn hochfährt, sollte man die erste Abfahrt langsam angehen und sich die gefährlicheren Stellen merken sowie die Route einprägen. Später kann man schon etwas mehr Risiko eingehen.
Der Schlittelboom der vergangenen Jahre hat auch zu gefährlichen Situationen beigetragen. Denn zum Teil sind sehr viele Leute auf den Schlittelwegen unterwegs. Das kann zu Auffahrunfällen führen. Darum müssen diejenigen, die schnell fahren, auf die langsameren Schlittler Rücksicht nehmen.

Die üblichen Holzschlitten werden seit Jahrhunderten ähnlich konstruiert. Man könnte sagen, sie sind veraltet. Seit einiger Zeit gibt es aber modernere Gefährte, die ein deutlich besseres

Fahrverhalten aufweisen, besser zu steuern und darum auch weniger gefährlich sind. Warum halten die Schweizerinnen und Schweizer an der Tradition fest?

Goetschi: Die Schweizer Schlitten sind vor allem einfach in der Handhabung: Sie haben ein Seil, mit dem man sie den Berg hochziehen kann; man sitzt einfach darauf und erst noch relativ bequem. Alle können damit fahren, von Klein bis Gross. Ausserdem können sich ihn alle leisten. Für die wenigen Fahrten, die man im Winter jeweils unternimmt, ist er ideal. Das andere ist wohl eher High Tech. Und darum bleiben die Leute bei ihren Schweizer Schlitten.

Hatten Ihre frühen Schlittenfahrten einen Einfluss auf den Entscheid, Bobsport zu betreiben?

Goetschi: Nicht direkt. Ich bin zwar als Schüler viel Schlitten gefahren. Später habe ich das aber bleiben lassen und bin vor allem auf den Skiern den Berg runtergesaust. Erst dann kam die Geschichte mit dem Bobfahren.

Wie kam es dazu?

Goetschi: Das Bobfahren hat mich schon immer fasziniert. Vor allem die Schnelligkeit, die Dynamik am Start, der Temporausch im Eiskanal. Ich dachte aber nie daran, es selber zu tun. Im Radio hörte ich per Zufall einen Aufruf, dass junge Talente bei einem Bremsertest gesucht werden. Ich hatte scheinbar Talent und war darauf zwei Jahre lang Bremser. Ich merkte aber, dass ich als Bremser nicht weiterkommen kann und stieg um als Steuermann.

Warum konnten Sie als Bremser nicht weiterkommen?

Goetschi: Wenn man als Bremser international Erfolg haben will, ist das unheimlich schwer. Das Niveau ist sehr hoch. Man muss sehr viel Talent haben und ausserordentlich viel trainieren. Ich hätte mich sehr stark engagieren müssen, um international ganz vorne dabeizusein. Das konnte und wollte ich nicht. Als Pilot habe ich es dann geschafft. Heute bin ich überzeugt, dass ich auch als Bremser erfolgreich gewesen wäre.

Können Sie vom Bobfahren leben?

Goetschi: Nein. Ich muss im Sommerhalbjahr zu sechzig Prozent meinem Beruf als Vorarbeiter nachgehen. Mittlerweile bin ich daran, mich durch Promotion und Autogrammstunden zu verkaufen. Aber es ist sehr harzig hier in der Schweiz. Ich bin auf den Goodwill von Sponsoren angewiesen.

Das heisst, dass der Bobverband seine Arbeit schlecht macht.

Goetschi: Er macht sie insofern schlecht, als dass er die Spitze ungenügend unterstützt. Viel Geld fliesst in den Breitensport. Ich bin darum sehr stark auf meine eigenen Bemühungen angewiesen. Neben der Promotion-Arbeit plane ich zurzeit eine Werbe-Aktion in Filzbach. Dort ist seit kurzem mit 1200 Metern die längste Sommerschlittelbahn der Schweiz in Betrieb. Obwohl man nicht auf Schnee fährt, sondern in einem Blechkanal, kommt es dem Winterschlitteln sehr nahe.

Muss man denn auch im Sommer schlitteln?

Goetschi: Nein. Ich selber muss es nicht unbedingt, aber diese Bahn in Filzbach ist sehr schnell. Und dort kann ich den Kick bekommen, den ich beim Bobfahren so liebe.

AUF BIEGEN UND BRECHEN

Vor einem ehemaligen Bauernhof in Mostindien stapeln sich jeweils im September die Davoser. Zu Hunderten liegen sie da, frisch verschraubt und imprägniert, bereit für den Abtransport. Draussen auf den Plantagen ernten Bauern die Früchte, die später zu dem gepresst werden, das dem Kanton den Stempel aufdrückt. Schneefall ist noch nicht einmal denkbar. Zu sehen bekommt man ihn hier in letzter Zeit sowieso immer seltener. Holzschlitten im Thurgau? Das ist doch wie Apfelbäume auf dem Stätzerhorn.

Die Grafs meinen es ernst: Seit 68 Jahren stellt die Wagner-Dynastie im thurgauischen Dorf Sulgen Holzschlitten her. Als Ernst Graf damit begann, war es bloss als Ergänzung zur Skiproduktion gedacht. Durch den technologischen Wandel und die zunehmende industrielle Herstellung von Massenwaren rutschte die Auftragslage des traditionsreichen Handwerksbetriebs aber immer mehr den Berg hinunter. Die Nachfrage nach hölzernen Skiern, Pflügen, Hacken oder Gabeln, Wagenrädern oder Automobil-Steuerädern löste sich im Nichts auf. Auch um die Schlittenproduktion war es zwar zuerst schlecht bestellt, mit dem Wandel der Gesellschaft zu einer Freizeit- und Plauschgesellschaft nahm sie jedoch immer mehr an Bedeutung zu. Schlitteln wurde zur Beschäftigung, die Herstellung der Holzgestelle zum florierenden Erwerbszweig.
Zu Beginn der achtziger Jahre konnten die Brüder Ernst und

Herbert, die mittlerweile den elterlichen Betrieb übernommen hatten, die Baupläne eines Herstellers von Davoser Schlitten erwerben. Seither stammt ein Grossteil der in der Schweiz hergestellten Traditionsschlitten aus dem thurgauischen Dörfchen Sulgen. Später kamen die Bergüner und Grindelwaldner dazu, und mit dem dritten Ernst in Folge – Ernst Graf junior – werden neuerdings auch modernere Rutschgefährte Namens «Race Sledges» produziert.

Dass Holzschlitten in Sulgen hergestellt werden, macht aus ökologischer Sicht durchaus Sinn: Das Rohmaterial liegt vor der Haustür. Im Gegensatz zu Graubünden verfügt der Thurgau über einen ausgeprägten Eschenholz-Bestand. Nur aus diesem langfaserigen Hartholz gibt es Qualitätsschlitten, die Generationen überleben.
Ernst Graf bezieht das Holz von den Waldkooperationen und privaten Waldbesitzern der nahen Umgebung. Der maximale Transportweg beträgt selten mehr als zehn Kilometer. «Zum Glück hat es nicht viele schöne Bäume hier», sagt Graf. Die Preise wären sonst zu hoch. Bloss die Schreiner könnten das bezahlen. Vor allem verfügt das hiesige grobe Eschenholz aber über vorzügliche Eigenschaften, die dem Schlittenbau zugute kommen: es ist besonders zäh und belastbar. Ein Schlitten ist keine Tischplatte. Er hat mehr als lediglich Ellbogen und Kerzenständer zu tragen.

Ernst Graf und seine sieben Werkstatt-Angestellten beginnen jeweils im Frühsommer mit dem Zurüsten des Holzes. Joch, Läufe, Leisten und Füsse erhalten dabei die gewünschte Länge. Anschliessend biegen sie die Läufe: In einem Dampfrohr werden die Holzlatten zwischen einer und drei Stunden weichgekocht, darauf mit einer Biegemaschine Baujahr 1960 in die gewünschte Form gebracht und mit einem Formblech verspannt. Zusammen mit den anderen Bestandteilen kommt das Holz in eine Trockenkammer. Dort wird ihm Feuchtigkeit entnommen bis der Wasseranteil bloss noch 10 Prozent beträgt. Dadurch reissen die Holzfasern bei der späteren Hobel-Verarbeitung weniger aus. Ausserdem können die Zapfen, welche die tragenden Teile zusammenhalten, nach der Fertigstellung des Schlittens wieder ein wenig quellen und geben so dem Gefährt die notwendige Stabilität.

Doch zuvor wird der Schlitten zusammengesetzt und verschraubt. Ausserdem müssen die eisernen Beinverstrebungen und Zugstangen sowie die stählernen Kufen montiert werden. Anschliessend wird das Holzgestell in ein Imprägnierbad getaucht. Fertig. Die nächsten Schritte finden dann erst im Schnee statt – wenn die Besitzerinnen und Besitzer ihren mit «Swiss Made – Graf Sulgen» geprägten Schlitten den Berg hochziehen.

«Schlittenbauen ist eine sehr interessante Tätigkeit», sagt Ernst Graf junior, «denn als Schreiner arbeitet man heutzutage in der Regel bloss noch mit Spanplatten und selten mit anspruchsvollem Massiv-Holz.» Wenn er aber nicht selber Spass am Schlitteln hätte, würde er diesem Erwerbszweig nicht nachgehen, behauptet er. Schlitteln sei für ihn ein gesellschaftlicher Anlass. «Alleine den Hang runterrutschen ist nicht lustig, mit meiner Frau Brigitte und Freunden hingegen wird es zum Gaudi», fügt der 38jährige an. Am meisten geniesst er Schlittenfahrten bei Nacht.

Die Produktion von Wintersportartikeln ist ein Pokerspiel: Der

Zuerst ins Dampfrohr, dann auf die Biegemaschine

Auch ein sauberer Schliff ist nötig

Schnee diktiert die Nachfrage – ob er in rauhen Mengen an den Hängen liegt oder gar nicht. Da kann es gut geschehen, dass man auf den Schlitten sitzenbleibt und sie bis zum folgenden Winter teuer lagern muss. Es kann aber auch sein, dass man der grossen Nachfrage nicht gerecht werden kann und mit Feuer unter dem Hintern der verpassten Absatzsteigerung nachtrauert. So geschehen im schneereichen Winter 1994/95. «Da hätte ich gut tausend Schlitten mehr produzieren können», erklärt Ernst Graf. Immerhin hatte dies zur Folge, dass die Sportgeschäfte im darauffolgenden Sommer zahlreiche Vorbestellungen aufgaben. 3500 an der Zahl. Allein dies bedeutet ein Viertel des Grafschen Jahresumsatzes. Den Rest erzielt er durch Schreinerei- und Biegereiarbeiten.

Wo die ursprünglichen Hersteller von Davoser und Grindelwaldner Schlitten zu suchen sind, besagen die Namen. Doch
der vermeintliche Markenname wurde nie geschützt. Alle können einem Holzschlitten dieses Etikett geben. Somit ist es auch
möglich, dass ein Davoser nicht nur in Sulgen, sondern auch in
Tschechien, Ostdeutschland oder Taiwan produziert wird.

Der Import von ausländischen Schlitten nahm ab den siebziger
Jahren stark zu und bedrängte die einheimische Produktion.
Auch die Sulgener Schlittenhersteller bekamen das zu spüren.
Ernst Graf: «Unsere Produkte sind beinahe doppelt so teuer wie
die ausländischen, und das hat vor allem in Zeiten der Rezes-
sion seine Auswirkungen». Entscheidend für die tiefen Preise
sind die geringeren Lohnkosten im Ausland. Ausserdem wird
auch das billigere Buchenholz verwendet (nach dem zwar zurzeit eine grosse Nachfrage besteht, und damit gleicht es sich
zusehends dem Preisniveau von Eschenholz an). Buche ist zwar
auch ein Hartholz, ihre kurzen Fasern führen aber oft zu
Brüchen. Ebenso macht die billigere Konstruktion die ausländischen Schlitten nicht selten zu Eintagsfliegen. Die meisten dieser
Fliessbandprodukte werden nicht verschraubt, sondern einfach
geheftet. Trotzdem hat der Billig-Import viele Schweizer Schlit-
ten-Hersteller den Kragen gekostet. Grössere Mengen an Holzschlitten werden nur noch in Rümligen, Romanshorn und Sulgen
produziert.

«Zum Glück sind die Leute etwas qualitätsbewusster geworden
und achten nicht mehr so stark auf den Preis», sagt Graf. Sein
Geschäft läuft nach früheren flauen Zeiten wieder bestens.
Dazu beigetragen hat auch der derzeitige Schlittelboom. Schlittelwege und -bahnen schiessen wie Pilze aus dem Boden. Die

simplen Holzgestelle sind stark im Schuss: Schlitteln ist eine ernstzunehmende Alternative zum Skilift-Schlangestehen.

ALLES KUNSTSTOFF

«Die Leute sagen immer: ou, dä huere Plastik». Georg Buser hört das gar nicht gerne. Nicht nur weil er selber als Vizedirektor der Schmid AG Plastik-Teile produziert, sondern auch weil die Chemie-Industrie schliesslich ausserordentlich viel Wert auf Umweltverträglichkeit lege. «In den letzten fünfzehn Jahren sind im Kunststoff-Sektor enorme Entwicklungen geschehen», doppelt Buser nach. Sein Produkt beispielsweise bestehe zu rund einem Drittel aus Granulat. Mit anderen Worten: wiederverwendeter Kunststoff. Recycling.

Swiss-Bob heisst das Produkt. «Das ist gut Deutsch und steht für Schweizer Qualität», sagt Buser. Laut Werbeprospekt soll der Swiss-Bob «der einzige körperschützende Bob mit Luftkissen» sein. Der Vorteil gegenüber herkömmlichen Kunststoffschlitten bestehe ferner darin, dass man nicht direkt auf dem Schnee sitze. Das schütze vor Kälte und federe Schläge ab. Kaum grösser als ein Ringordner und knapp ein Kilo leicht lässt er sich ausserdem bequem transportieren.

Swiss-Bobs gibt es seit acht Jahren. Mit einigem Erfolg: Jedes Jahr verlassen rund 100 000 Kunststoffschlitten die in der Zürcher Agglomerationsgemeinde Schwerzenbach gelegene Fabrik. «Der Verkauf von Wintersportartikeln ist aber ausserordentlich wetterabhängig», wendet Buser ein. «Wenn bis Weihnachten keine Flocken vom Himmel fliegen, schmilzt der Umsatz beziehungsweise häufen sich die Lagerkosten. Wenn es hingegen kalt ist und viel Schnee vor der Haustüre liegt, verkauft man sogar Raichle-Schuhe.»

Abnehmer von Swiss-Bobs finden sich in allen europäischen Ländern («ausser Sizilien natürlich»), Japan und Amerika. «Vor allem die Amerikaner haben eine Saufreude daran», sagt Buser. Der Bob werde dort hauptsächlich in Trendläden – zusammen mit Inline-Skates und Snowboards – verkauft. Aus Amerika stammt auch die Anregung, die Kunststoff-Schlitten mit poppigen Farben und glitzernden Sprenkeln zu versehen.

Kunststoffgegenstände sind Massenprodukte. Voraussetzung für deren weltweite Verbreitung war das Angebot an billigem Erdöl und die starke Entwicklung der Petrochemie in den 50er und 60er Jahren. Auch in der Schweiz legte die Kunststoff-Industrie beträchtlich zu: Zwischen 1963 und 1980 verdreifachte sich die Produktion von Abflussrohren, Verpackungsfolien oder Mülltonnen. Die Hersteller von Plastikschlitten konnten ausserdem vom Freizeitboom profitieren, der seit den 70er Jahren immer grössere Ausmasse annimmt. Seither gibt es nicht mehr bloss schaufelförmige Tellerschlitten, die sogenannten Rutscher (ein Fabrikant soll, so geht die Legende, auf die Idee gekommen sein, Rutscher zu produzieren, als er auf Plastiksäcken sitzende Kinder den Berg runtersausen sah), sondern Schalenbobs in allen Formen und Farben. Mittlerweile sind sogar Luxus-Schlitten mit gefederten Kufen und Scheinwerfern erhältlich.

Die Herstellung eines Swiss-Bobs geht schnell. Schliesslich ist es kein High-Tech-Produkt, sondern ein aus zwei einfachen Plastik-Teilen zusammengesetzter Massenartikel: Flüssiger Kunststoff in die Form einspritzen, abkühlen, zusammenschrauben, verpacken,

fertig. In einer Stunde werden rund siebzig Bobs produziert. –
Georg Buser lehnt sich in seinen Sessel zurück. Er ist sichtlich
stolz auf den florierenden Nebenerwerbszweig (die Schmid
AG produziert hauptsächlich technische Kunststoff-Teile für
Autos und Bowlingmaschinen). «Bitte», fügt der Vizedirektor
zum Schluss seiner Ausführungen an, «schreiben Sie nicht von
Plastik. Ich höre das nicht gerne. Das klingt abwertend. Plastik
ist doch Plastiksack. Kunststoff tönt besser.»

Plastik statt Holz: der Swiss-Bob

HUNDELEBEN

Samy Stöckli steht vor die Hunde: «Nur ruhig, es ist alles gut», sagt er mit sanfter Stimme. Die Vierbeiner hören auf ihn, nur Eschik, der Rudelchef, bellt weiter. Fremde Besucher werden in dieser Region üblicherweise von klaffenden Appenzeller Sennenhunden empfangen. Samy Stöcklis Husky-Farm in Amden wird von Sibirischen Huskies bewacht. Anmutig stehen sie da, sträuben ihr weisses Fell und bannen ihre glasklaren, hellblauen Augen durch das Zwingergitter. Stöckli kann trotz seines Status' als oberster Leitwolf seinen direkten Untergebenen nicht beruhigen. «Eschik hat einen Bewachungsfimmel», sagt er. Nicht zuletzt steht aber hinter dem Gitter ein Tier – ein Tier, das trotz Domestizierungsversuchen seine Wildheit noch nicht verloren hat. Wenn der Eindringling Federn oder einen Pelz hätte, dann wäre hier der Teufel los.

Huskies sind Arbeitstiere. Sie können kaum auf der faulen Haut liegen, sie brauchen Bewegung. Nur zu gerne lassen sie sich vor einen Schlitten spannen und rennen, was das Zeug hält. Samy Stöckli arbeitet im Aussendienst. Von Montag bis Freitag verlässt er frühmorgens das über dem Walensee gelegene Amden, kurvt durch die Schweiz und repariert Abgaskontrollgeräte. Seit acht Jahren züchtet der gelernte Automechaniker nebenbei Huskies. Das Hobby betreibt er, «um die Wochenenden auszufüllen». Von Mitte Dezember bis Ende März nimmt er mit seinen Tieren an jedem Hundeschlittenrennen teil, das im

Umkreis von 600 Kilometern stattfindet. Früher fuhr er Autorennen. «Ich bin keiner, der rumliegen kann», sagt Stöckli. Als er vor kurzem seinen 50. Geburtstag feierte, schenkte ihm ein Freund eine Fotomontage. Sie zeigt Samy mit einem Husky-Kopf.

Huskies werden – je nach Knochenbau – ungefähr acht Monate nach Geburt langsam an den Schlitten gewöhnt. Die spezielle Ausbildung beginnt mit dem ersten Lebensjahr. Sie lernen, die Befehle ihres Schlittenführers, des sogenannten Mushers, auszuführen und sich im Team unterzuordnen. Gesunde Tiere können bis ins zehnte Lebensjahr an Rennen teilnehmen.

Die Sibirischen Huskies sind traditionelle Schlittenhunde. Sie sehen nicht nur wie Wölfe aus, auch ihr Triebverhalten ist demjenigen der Wölfe sehr ähnlich. Das kann während eines Rennens mitunter zu Problemen führen: Sie lassen sich schnell ablenken und sind, nachdem sie einen Braten gerochen haben, schwer in der Spur zu halten. Dagegen sind die sogenannten Alaska-Huskies praktisch immun. Da sie eine Mischung zwischen domestizierten Hunden, beispielsweise einem Windhund, und Sibirischen Huskies sind, ist ihr Wolfstrieb mehr oder weniger verlorengegangen. Sie sind schnell, zutraulich, ja gar unterwürfig, lassen sich dadurch gut unter Druck setzen und rennen bis zur Erschöpfung. Sibirische Huskies lassen es nicht so weit kommen. Wenn sie nicht mehr rennen mögen, dann nützt auch alles Imponiergehabe ihres Chefs nichts mehr. Hundegespanne mit reinrassigen Huskies laufen darum an den Rennen in einer eigenen Kategorie.

Hundeschlittenfahren ist der Nationalsport Alaskas. Dessen flache, schneereiche und unverbaute Landschaft eignet sich vor-

Samy Stöckli und seine Hunde

züglich für Schlittelpartien. Die Schweiz mit ihren Bergen, heissen Sommertagen und dichtbesiedelten Regionen kann da schlecht mithalten. Trotzdem gibt es hierzulande rund 300 Hundeschlittenliebhaber, die aktiv an Rennen teilnehmen. Samy Stöckli ist einer der Erfolgreichsten: Letzte Saison wurde er in Sils Mitteldistanz-Europameister der reinrassigen Schlittengespanne und auch im Europacup errang er den ersten Platz. Ausserdem ist er einer der wenigen Schweizer, die das Alpirod, das längste Rennen Europas, beenden konnten: In zehn Tagesetappen durch vier Alpenländer zu fahren, stellt hohe Anforderungen. Viele Höhenmeter sind zu überwinden – da hängt nicht nur den laufgewandten Huskies schnell die Zunge zum Maul raus. Die Mushers können sich kaum ausruhen, stundenlang stehen sie auf den schmalen Kufen und oft müssen sie neben dem Schlitten herrennen oder ihn wie ein Trottinett anstossen. Bis zu neun Stunden kann eine Etappe dauern, Pausen gibt es keine. «Es ist schon ein Riesenchrampf, aber auch das schönste aller Gefühle», sagt Stöckli. 800 Kilometer mit einer Geschwindigkeit zwischen 20 und 25 Stundenkilometer durch die Natur zu gleiten, sei kaum zu überbieten. Da gäbe es bloss noch das 1800 Kilometer lange Iditarod-Rennen, das von Sibirien nach Alaska führt. Aber dazu sagt Stöckli ein deutliches «Njet». So lange kann er mit seinen Hunden nicht weggehen.

Sind Huskies in der Schweiz, wo die Sommertage immer heisser werden, nicht fehl am Platz? Laut Samy Stöckli ist das kein Problem. «Huskies verlieren während des Sommers ihr warmes Unterfell», sagt er, «sie lieben es sogar, in der Sonne zu baden.» Arbeiten, das heisst einen Schlitten ziehen, dürfen sie jedoch erst bei Temperaturen unter 15 Grad Celsius. – Stöckli beginnt schon im August mit dem Training. So oft wie möglich spannt er seine Hunde vor den selbstgebastelten Schlitten auf Rädern und kurvt durch die Waldstrassen. Im Winter spult er seine Trainingseinheiten natürlich auf Schnee ab. Seit einem Jahr kutschiert er ausserdem jeweils montags bis donnerstags Touristen auf seinem Schlitten durch das Amdener Hochplateau Arvenbühl. Und an den Wochenenden nimmt er zusammen mit seiner Frau Sonja an einem der zahlreichen Rennen teil. Die Stöcklis sind immer auf Achse. Darauf sind sie stolz. Zufrieden schaut Samy zum Fenster raus, betrachtet seine Tiere, lächelt und sagt: «Wir führen schon ein ziemliches Hundeleben.»

SCHLITTETA

Einen schönen Brauch, der vermutlich bis ins 17. Jahrhundert zurückgeht, gibt es in Davos und im Engadin: die Schlitteta (oder Schlitteda Engiadinaisa, wie's im Engadin heisst). Ursprünglich wurde die Schlitteta durch die Heiratsfähigen organisiert, Verheiratete durften – im Gegensatz zu heute – daran nicht teilnehmen. Hatte ein Bursche ein Auge auf ein bestimmtes Mädchen geworfen, lud er sie zur Schlitteta ein. Oft waren die beiden auch schon verlobt oder einander versprochen.

Die Schlitteta selbst ging in Davos folgendermassen vor sich: Eine truhenähnliche Bank (der «Bänna» – jede alteingesessene Davoser Familie besass eine), deren seitliche Lehnen bemalt und verziert waren, wurde längswärts auf einem ebenfalls geschmückten Schlitten befestigt. Der Bursche sass rittlings vorne auf der «Bänna», das Mädchen sass querwärts hinten. Beide trugen Trachtenkleidung. Die Fahrt begann frühmorgens und ging durch die ganze Gegend. Um etwa 11 Uhr begab man sich irgendwo zur Predigt, dann fuhr man weiter. Beendet wurde der Tag bei einem guten Essen, mit Wein und Tanz.

Die Schlitteta fand stets im Januar statt und brachte viele junge Pärchen zusammen. So auch Erhard Michel und Anna geb. Palmi, deren Briefwechsel vor der Schlitteta nachfolgend abgedruckt ist:

An die
Geehrte Jungfrau Anna Palmi
an den
Wiesen

Werthe Freundin!

Ein besonderer Umstand bewegt mich, Dir eine
Frage aufzuwerfen, nämlich auf künftigen
Sontag als den 21 ten Januar werden wir hier
eine Schlitenparthei haben, wo ich wünschte,
dass Du an diesem schönen und unschuldigen
Vergnügen ebenfals theil nehmen möchtest;
und wo zu ich Dich höflich einlade, insofern
es die Witterung gestatet hereinzukommen,
und es Dir Deine Mutter gestatet, ich gewärtige
aber, Sie werde Dir dieses Vergnügen nicht
missgönen.
Solltest Du meinem Gesuche entsprechen
könen, so würde ich Dich den 20 ten am Samstag
an den Wiesen abholen, oder wenn Du lieber
willst, komme ich Dir entgegen bis in den
Schmelzboden oder die Steighalde, bis ich Dich
halt trefen würde. Ueber dieses müsstest
Du mir auf künftigen Dienstag genau Nachricht
mittheilen, ob Du hereinkommst oder nicht?
Und im Fall dass Du kämest, wenn ich Dich abholen
solle und ob ich bis nach Wiesen komen soll
oder ein Stükweit entgegen. Ich thue gerade
wie Du willst. Aber auf jedenfall musst

62

Die Schlitteta: eine festliche Fahrt in prächtigen Trachten

Du mir auf künftigen Dienstag schreiben,
damit ich mich darnach halten kann.
Denn bis dahin sehe ich mich auf keinen Fall
um keine <u>andere</u> um.
Solltest Du meiner Bitte nicht entsprechen
könen oder wollen!, woran ich aber nicht
denke, so sei so gut und mache von diesem
Schreiben weiter keinen Gebrauch.
Ich übersende diesen Brief an den Vetter
Schreiber Palmi, damit unsere Corespondenz
weiter kein Aufsehen giebt. Wenn Du mir
also auf künftigen Dienstag schreibest, so
übergieb Du ebenfalls den Brief dem Vetter
Palmi, aber am Morgen früh, damit die
Leute, welche hier auf den Wochen-Markt
kommen, ihn bringen können.
Im Uebrigen bin ich immer gesund und
wohl und ich hoffe, diese paar Worte könnest
Du ebenfalls im Besitz einer guten Gesundheit
lesen. Es giebt für uns Menschen wohl kein
höherer Genuss auf dieser irdischen Laufbahn:
als den Genuss einer fortdaurenden Gesundheit.
Ja! wenn uns die Natur alle Kostbarkeiten,
die sie so reichlich besitzt, darbieten würde,
und wir die Gesundheit entpehren müssten, so
würden wir niemals so zufrieden sein, als wie
im Genusse der Gesundheit und wenn uns diese
Erde die übrigen Genüsse auch nur spärlich
spändet. Möge nun der Allmächtige Dich
und alle die Deinigen auch in dem künftigen

und noch eine lange Reihe von Jahren, gesund
und wohl erhalten und Dich ferner auf allen
Deinen Wegen Glück und Seegen einernten lassen.
Er wolle ferner zu unserer begonenen Freund-
schaft alles dasjenige dazu beitragen, dass
dieselbe immer fester und inniger werde! und stets
ohne Falschheit und Heuchelei fortbestehen lassen.
O! dann kann diese Freundschaft eine gute
und edle sein! und bleiben.

Moto.
Lebe wohl und mögst Du mein gedenken!
Lebe wohl und nimm dies Abschiedslied,
Deine Pfade mög der Himmel lenken,
In Dir, mein Glück mir still erblüht.
Nach der kurzen Trennung-Schmerzen,
Schliessen fester unsre Herzen;
Treue Liebe ewiges Band
Und wandeln glücklich Hand an Hand.

Es grüsst Dich und Deine Mutter Dein
bekanter Freund

Erhard Michel
Veterinär

Davos, den 13 ten Januar 1844
in Eile

An den
Geehrten Jüngling Erhard Michel
auf Davos
am Plaz

Liber Freund

Mit Achtung erhielt ich am Samtag dein
Brief und habe daraus viel erfreuliches vernommen
und nämlich, das du mich zur Schlitfart einladest.
Ich werde kommen, den meine Muter hat nichts
darwider. Du kannst am Samtag bis hier kommen,
es thut mich am besten freuen.
Ich habe den Brief auch dem Schreiber Palmi
übersendet, damit das es Niemand jnne werde.
Ich befinde mich mit meiner Muter in der besten
Gesundheit, wie ich auch von dir vernommen habe
im neuen Jahr. – Herzlich wünsche ich, dass dis
Jahr reich an Glück und Freude für dich sein werde,
nie müsse dir etwas mangeln, das deine Ruhe und Zu-
friedenheit befördern könte. Der liebe Gott wolle
dich nicht nur dieses Jahr in Glük und Gesundheit erhalten,
sondern noch eine lange Reihe von Jahren, er wolle dein
Begleiter sein auf allen Wegen und alles zum Besten ausführen.
So kurz diess gesagt ist, so aufrichtig ist es gemeint, von
deiner Freundin

Anna Palmi

Wiesen, den 14 ten Jenner 1844

DAVOSER KINDERSCHLITT-FAHRT

Ein alter Davoser Brauch ist die Kinder-Schlittfahrt. Ein «Schlitt-buab» lädt ein Mädchen dazu ein. Er sucht sich auch einen Buben, der als «Ross» den Schlitten ziehen wird. Das Schmücken des Bogens mit Papierrosen besorgen die «Schlittenmajtja» und ihre Mutter.

«Ross», Schlittbuab und Schlittenmajtja

GRAF Graf Holzwaren AG 8583 Sulgen
Holzbiegerei · Schreinerei · Wagnerei
Tel. 072 42 20 80 · Fax 072 42 20 33

Ihr Schlittenspezialist für

Davoserschlitten
Grindelwaldnerschlitten
Race-Schlitten
Spezialschlitten für Schlittelbahnen
Kindersitzli für Schlitten
Kinderwagenkufen

Alles aus Holz,
massiv gebogene Teile
Neuanfertigungen · Reparaturen
Beratung

Infoteil

WAS HEISST WIE?

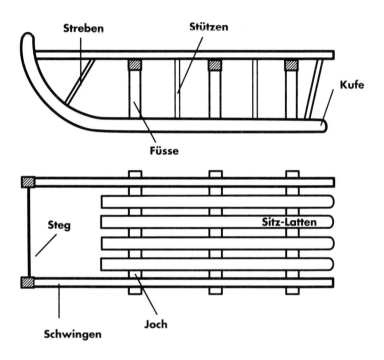

Streben

Stützen

Kufe

Füsse

Steg

Sitz-Latten

Schwingen

Joch

SCHLITTELWEG ODER SCHLITTELBAHN?

Zum einen gibt es Schlittelhänge: Wir alle kennen sie, rutschten wir doch als Kind an ihnen herunter. Schlittelhänge findet man zu Tausenden: Sobald der erste Schnee fällt, wird auch die klitzekleinste Steigung zum Schlittelhang.

Dieses Buch widmet sich jedoch nicht ihnen, sondern den vielen Schlittelwegen und Schlittelbahnen. Was ist nun aber genau der Unterschied?

Schlittelwege gibt es viele in der Schweiz. Oft sind sie den Sommer über natürliche Waldwege, leichte Hänge oder Wiesen. Sobald aber genügend Schnee fällt, werden sie zu Schlittelwegen. Doch aufgepasst: Im Unterschied zu Schlittelbahnen sind Schlittelwege nicht allein den Schlittlern vorbehalten. Auch Spaziergänger benutzen sie. Manchmal auch Skifahrer oder gar ab und zu ein Auto. Deshalb ist es wichtig, sich auf ihnen rücksichtsvoll zu verhalten. Viele Schlittelwege sind besonders familienfreundlich: Hier kann nach Lust und Laune geschlittelt werden.

Schlittelbahnen gibt es nur wenige in der Schweiz. Sie sind für Fussgänger gesperrt. Oft sind sie wie Bobbahnen ausgebaut, mit Eiskanälen und Eiskurven. Auf Schlittelbahnen gewinnt man schnell an Tempo. Für Familien mit Kleinkindern sind sie daher nur bedingt geeignet.

ALLERLEI SCHLITTENTYPEN

Schlitten sind gemäss Brockhaus «Fahrzeuge, die sich auf Kufen durch gleitende Reibung vorwärtsbewegen». Ganz so simpel hat es sich mit diesen Fahrzeugen aber nicht. Da gibt es grosse und kleine, hölzerne und metallene, schnelle und langsame, traditionelle und moderne. Denn: Schlitten ist nicht gleich Schlitten.

Mit Abstand am zahlreichsten auf den Schweizer Schlittelbahnen und -wegen anzutreffen sind die klassischen Holzschlitten. Allen voran der Davoser, der lediglich im Kanton Bern keinen Spitzenplatz einnimmt. Dort hält man zum Grindelwaldner. Der robuste Bergüner wird vor allem als Mietschlitten eingesetzt. Neben diesen drei Massenprodukten gibt es eine Vielfalt an Schlittentypen, die bloss in kleinerer Zahl hergestellt werden. Im Prättigau beispielsweise hat praktisch jede Ortschaft ihr eigenes Produkt.

Die unterschiedlichen Verarbeitungen der Holzschlitten können entscheidende Auswirkungen auf das Fahrverhalten oder auf die Stabilität haben. Allen gleich ist jedoch das Konstruktionsprinzip – der Kastenbau: Zwei auf Kufen fixierte Joche bilden das Gerüst, das mit den als Sitzflächen dienenden Leisten bedeckt wird. Esche eignet sich dank seiner Robustheit und den langen Holzfasern am besten für den Schlittenbau. Die Fabrikate aus der Schweiz und Österreich sind damit gebaut, bei den Billigprodukten aus Osteuropa und Asien wird jedoch das kurzfaserige und damit brüchigere Buchenholz verwendet.

Ebenso wichtig für einen ungetrübten Schlittelspass ist die Verarbeitung der Kufen. Beim Kauf eines Schlittens sollte man darauf achten, dass sie nicht rund und schmal, sondern flach und breit sind. Sonst fährt man auf Holz – steuern wird damit zur Glücksache. In der Regel bestehen die Kufen aus Eisen, hie und da aus Stahl, das teurer, aber auch beständiger ist.

Auch die in Österreich gebräuchlichen Rodel sind nach dem Holzkastenbau-Prinzip gebaut. Gegenüber den traditionellen Schweizer Schlitten weisen sie jedoch einige Unterschiede auf, die sich positiv auf das Schlittelvergnügen auswirken können: Die Sitzfläche besteht aus einem Nylongewebe, das etwas mehr Komfort bietet; dank der breiteren Spur besteht weniger die Gefahr, zu kippen und die beweglichen Stahlkufen machen die Rodel leichter steuerbar.

Davoser

Der Davoser ist der Klassiker unter den Holzschlitten. Seit seiner Erfindung wurden kaum Veränderungen vorgenommen. Kennzeichnend für dieses Traditionsprodukt sind die gebogenen Läufe, die vorne mit einer Zugstange verbunden sind sowie die seitwärts vorstehenden Tragjoche, worauf fünf – hinten frei vorstehende – Sitzlatten aufgeschraubt sind.

Grindelwaldner

Beim Grindelwaldner sind nur die beiden äusseren Sitzlatten auf das Tragjoch geschraubt. Die inneren Latten sind im Joch

Rental Sledge, Davoser, Bergüner, Grindelwaldner und Race Sledge

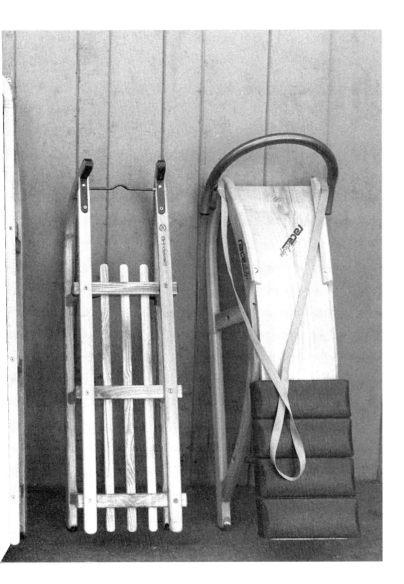

eingelassen. Sie liegen dadurch tiefer als die äusseren Sitzlatten. Der Vorteil dieser Konstruktion: Die Sitzfläche ist anatomischer und damit bequemer. Allerdings verliert das durchlöcherte Joch an Stabilität.

Bergüner

Dieser Holzschlitten wurde vor zehn Jahren von Christian Mark aus Bergün entwickelt. Dank der robusten Bauweise eignet er sich besonders gut zur Vermietung. Das Merkmal des Bergüners sind die durchgehend gebogenen äusseren Sitzlatten. Sie dienen als «Abweiser» bei Zusammenstössen. Allerdings kann der Bogen bei einem heftigen Aufprall zerbrechen.

Rodel

Rodel werden nicht bloss für die schnellen Fahrten im Eiskanal produziert. Es gibt auch Typen, die sich für gemütlichere Schlittelpartien eignen: die Tourenrodel.

In der Regel bestehen sie aus einem Holzgestell, auf das ein Sitzgeflecht gespannt ist. Dank breiter Spur und stark geneigten Kufen weisen sie ein vorzügliches Fahrverhalten auf: Sie sind schnell, aber gut steuerbar. Im Fachhandel sind verschiedene Modelle erhältlich. Der «Klapprodel» eignet sich dank seinem zusammenklappbaren Gestell besonders gut für den Transport.

Race Sledge

Der Race Sledge ist ein neu entwickeltes Design-Produkt, das sich von den üblichen Schlitten zumindest in der Form stark unterscheidet. Auch bei ihm wird das Kastenbau-Prinzip verwendet, nachdem der Prototyp, dessen Sitzfläche am hinteren Ende frei schwebte, wie ein Sprungbrett auf Kufen über den Schnee glitt. Der Race Sledge verfügt über ein Schaumstoff-Sitzpolster, einen Aluminium-Abweisbügel sowie aus Esche, Buche und Birke angefertigte Holzbestandteile.

FAHRTECHNIK

Als der Schlitten noch lediglich als Transportmittel und Spielzeug für Kinder benutzt wurde, lenkte man ihn einzig mit den Füssen. Die Alpenbewohner fahren ihre Hand- und Hörnerschlitten noch heute auf diese Weise: solange eine sichere Fahrt Priorität hat, genügt diese Fusslenkung vollauf.
Mit dem Aufkommen von Schlittenrennen aber musste nach einer präziseren Lenkungsart gesucht werden. Möglichst wenig Reibungs- sprich Zeitverlust war das Ziel. Aus dieser Anforderung heraus entwickelten sich drei verschiedene Fahrtechniken: die Davoser Technik, die bayrische und später die steirische Technik.

Das Hauptmerkmal der Davoser Technik waren 40–50cm lange, teilweise mit Eisenspitzen versehene Schlittelstöcke («pegs»). Man sass aufrecht auf dem Schlitten, fest hielt man sich allein durch Schenkeldruck. Die Hände hielten die Schlittelstöcke mit unterschiedlichem Griff fest. Zur Beschleunigung der Fahrt, beispielsweise beim Start oder auf flachen Streckenpartien, wurden die Stöcke dolchartig gefasst. Auf diese Weise konnte man sich mit Doppelstockstössen behelfen. Wie ein Taktstock wurden die «pegs» zur Steuerung gehalten. Je nach Grösse der Richtungsänderung bremste man damit auf der Kurveninnenseite ein- oder zweihändig. Zusätzlich verlagerte man das Körpergewicht nach hinten und zur Kurveninnenseite: Dadurch konnte das Schlittenvorderteil und die kurvenäussere

Kufe entlastet werden, der Schlitten drehte leicht in die neue Fahrtrichtung. Verfeinerungen der Davoser Schlitteltechnik zielten darauf hin, auf den Einsatz von Schlittelstöcken zur Steuerung möglichst zu verzichten.

Die bayrische Schlitteltechnik kam der ursprünglichen Fusslenkung am nächsten: Zwischen die Längsleisten am Kufenaufbug eines kurzen leichten Schlittens oder direkt vor den Sitz wurde ein Gurt gespannt. Während die eine Hand des Fahrers sich an einer der Längsleisten hinter dem Sitz festhielt, hielt die andere den Riemen. Durch ruckweise Bewegungen mit dem Körper konnte so die Fahrtrichtung geändert werden. Falls die Füsse doch einmal zu Hilfe genommen werden mussten, lenkte man mit der ganzen Sohle. Und nicht, wie sonst üblich, mit dem Absatz.

Das besondere Merkmal der steirischen Fahrtechnik schliesslich war die Handlenkung: Den Schlitten steuerte man lediglich durch das Auslegen des Körpers auf die Seite und durch zusätzliches Berühren des Schnees mit der Hand auf der Kurveninnenseite. Die steirische Schlitteltechnik entstand wahrscheinlich aus der älteren Davoser Technik: Die Funktion der Schlittelstöcke übernahmen bei ihr die Hände.

Mit der Erfindung des Skeletons und dessen Einsatz an wichtigen Schlittelveranstaltungen trat eine neue Fahrtechnik ihren Siegeszug an: Der Fahrer lag flach auf den Bauch und lenkte sein Gefährt mit beiden Füssen. Unterschieden wurde zwischen einer «Fein-» und einer «Grobsteuerung». Bei der Feinsteuerung lag der Fahrer («Rider») ganz vorne auf seinem Schlitten. Dadurch konnte er auf einer kleinen Kufenauflagefläche (30–40cm) bei minimalstem Reibungsverlust gleiten. In diesem (labilen) Zustand reagiert der Skeleton schon auf so geringe Steuerimpulse wie eine Gewichtsverlagerung mit dem Körper oder Kopf. Auf diese Weise wurden gerade Streckenteile und ganz leichte Kurven befahren.

Bei der Grobsteuerung lag der Fahrer anfangs Kurve hinten auf seinem Schlitten. Dadurch erhielt er die notwendige Seitenführung, um die in flachen und engen Kurven auftretenden Fliehkräfte auszugleichen. Und die dadurch erzeugten grösseren Reibungsverluste bremsten die Geschwindigkeit ab. – Diese Fahrtechnik hat sich bis heute nicht wesentlich verändert.

Charakteristisch für die Davoser Technik: Stöcke mit Stahlspitzen

SCHLITTELUNFÄLLE

Nicht, dass hier der Teufel an die Wand gemalt werden soll: Schlitteln ist nicht gefährlicher als andere Sportarten auch. Sofern einige einfache Regeln beachtet werden:
Die gefährlichste Unfallursache sind Zusammenstösse mit Fahrzeugen. Gerade auf Schlittelwegen hat man damit zu rechnen, dass plötzlich ein Auto auftaucht. Auch bei zeitlich geregeltem Autoverkehr und sogar bei totalem Fahrverbot kann dies der Fall sein.

Eine häufige Unfallursache ist auch die Fehleinschätzung der Streckengeschwindigkeit, sei es durch deren Gefälle, sei es wegen Vereisung: Die Geschwindigkeit gerät schnell ausser Kontrolle.
Auch die sehr beliebte Verwendung von Plastikuntersätzen und Autoschläuchen auf steilen Strecken ist ein gefährliches Vergnügen: solche Rutschunterlagen lassen sich praktisch überhaupt nicht steuern!

Gefährlich können zudem aper gewordene Stellen sein: das plötzliche Stoppen auf schneefreier Unterlage kann den Fahrer im schlimmsten Fall sogar vom Schlitten schleudern. Grosse Löcher oder Bodenwellen können Schlittler derart zusammenstauchen, dass die Wirbelsäule verletzt wird. Deshalb: Kontrolliertes und bremsbereites Fahren ist oberstes Gebot. Wichtig dazu ist auch gutes Schuhwerk mit griffigen Sohlen.

Noch ein paar Worte zum beliebten Nachtschlittteln: Einer nächtlichen Schlittelpartie geht meist ein Hüttenbesuch voraus, bei dem auch kräftig getrunken wird. Alkohol vermindert aber bekanntlich Reaktionsfähigkeit und Urteilsvermögen. Deshalb auch hier: Fahren Sie kontrolliert! Wichtig ist auch eine gute Beleuchtung. Fehlt diese entlang des Schlittelweges/der Schlittelbahn, empfiehlt es sich, eine Taschenlampe oder – noch besser – eine Stirnlampe dabei zu haben. Solange der Vollmond nämlich scheint, lässt sich der Streckenverlauf leicht erkennen. Was aber, wenn der Himmel bedeckt ist?

SCHLITTELCLUBS

Wenn sich drei Schweizer mit ähnlichen Interessen begegnen, gründen sie einen Verein oder einen Club. Diese Behauptung mag übertrieben sein, Tatsache aber ist, dass die Schweizer sehr vereinsfreudig sind. Daher gibt es auch eine Menge Schlittel- und Rodelclubs.

Nachdem sich das Schlitteln vom reinen Freizeitvergnügen zur Sportart entwickelt hatte, blieben auch Wettkämpfe nicht aus. Diese mussten organisiert werden. Um die daraus erwachsenden verschiedenartigsten Aufgaben lösen zu können, war es unumgänglich, sich in Clubs zu organisieren. Bald einmal erkannten die Schlittel- und Rodelclubs auch die Vorteile, welche ein Anschluss an den Schweizerischen Bobsleigh-, Schlittel- und Skeleton-Sportsverband (SBSV) mit sich bringen würde.
Der SBSV hat es sich zur Aufgabe gemacht, in erster Linie Spitzenfahrer auszubilden und zu fördern. Die Erfolge der Schweizer Bob- und Skeletonfahrer sprechen für sich. Die Schlittler aber, Vertreter eines Breitensports, stellen andere Anforderungen. Vor allem die Sportler mit den starren Volksschlitten rodeln allein zu ihrem Vergnügen und haben wenig Lust, an einer Weltmeisterschaft oder einer Olympiade teilzunehmen.
Für diese Einstellung zeigte der erfolgsgewohnte SBSV anfänglich wenig Verständnis. Er empfand diese Sektion eher als störend. Inzwischen aber hat man eingesehen, dass sich die dereinstige Elite aus dem Breitensport rekrutiert und man die-

sem die ihm gebührende Aufmerksamkeit schenken muss. Diese Erkenntnis hat dazu beigetragen, dass der SBSV heute eng mit den Schlittelclubs zusammenarbeitet.

Doch zurück zu den Schlittel-, Bob- und Skeleton-Clubs. Eine Vielzahl davon gibt's, sie an dieser Stelle alle aufzuführen, würde zu weit führen. Wir begnügen uns damit, Ihnen nachfolgend die Adressen jener Clubs, die sich dem Schweizerischen Bobsleigh-, Schlittel- und Skeleton-Sportsverband angeschlossen haben, zu nennen.

Bob-Club Leysin
A. Gilliéron, Chemin des Salines 14, 1860 Aigle

Hornschlittenclub Alt St. Johann
H. Alpiger, Gemeindehaus, 9656 Alt St. Johann

Bob-Club Châtel-Saint-Denis
J.P. Monnard, Rte de Vevey, 1616 Attelens

Skeletonclub Limmattal
Postfach 1258, 5401 Baden

Bob-Club Schaffhausen
D. Bächtold, Schaffhauserstrasse 85, 8212 Beringen

Skeleton Club Säuliamt
R. Rizzoli, Buecheneggstrasse 5a, 8906 Bonstetten

Bob-Club Silvaplana

P. Rantra, Chesa Piz Vadret, 7505 Celerina

IBSC Davos-Jakobshorn

W. Leuthold, Museumstrasse 27, 7260 Davos Dorf

Rodelclub Zürich

D. Hegenbart, Zürichstrasse 30, 8600 Dübendorf

Skeleton-Club Zürich

Heidenrietstrasse 12, 8600 Dübendorf

Bob-Club Frauenfeld

H. Kleinpeter, Postfach 138, 8307 Effretikon

Zürcher Bobclub

H. Müller, Hinterbühlstrasse 1, 8307 Effretikon

Skeleton-Club Basel

U. Suter, Pfarrgasse 47, 4114 Hofstetten

Schlittel- und Skeleton-Club Fribourg

E. Stalder, Krienserstrasse 1, 6048 Horw

Bob- und Skeleton-Club Girenbad

U. Geissbühler, Rigacher 3, 8315 Lindau

Bob-Club Lugano

Via Zurigo 9, 6900 Lugano

Bob-Club Pfäffikon
Postfach 410, 8330 Pfäffikon

Bob- und Schlittelclub Les Avants
R. Zünd, Avenir 15, 1009 Pully

Bob-Club Rapperswil-Jona
Postfach 1713, 8640 Rapperswil

Schlittelclub Zürich
Chr. Caviezel, Postfach 564, 8603 Schwerzenbach

Bob-Club Gruyère
E. Dernierre, Besencens, 1609 St. Martin

Bob-Club Celerina
R. Mathis, Via Arona 32, 7500 St. Moritz

Skeleton-Club Engiadina
Postfach 104, 7500 St. Moritz

St. Moritz Bobsleigh Club
Postfach 26, 7500 St. Moritz

Rennschlittenclub St. Moritz
G. Sappi, Schulhaus Dorf, 7500 St. Moritz

Schlittelclub Greif
B. Kessler, Sonnenbergstrasse 86, 8610 Uster

Bob-Club Les Diablerets
L. Favre, 1864 Vers-l'Eglise

Luge Les Rochers-de-Naye
J. Mettraux, Case postale 82, 1820 Veytaux

NBSC Girenbad
K. Maag-Schenk, Sack, 8342 Wernetshausen

Bob-Club Fribourg
G. Lüdi, Stäpfetlistrasse 5, 8606 Werrikon

Skeleton-Club Volketswil
F. Lüdi jun., Stäpfetlistrasse 5, 8606 Werrikon

Bob-Club Zürichsee
H. Mörgeli, Rietstrasse 14, 8702 Zollikon

Bob-Club Uster
H. Wey, c/o Wey&Spiess, Postfach, 6302 Zug

Bob-Club Albisrieden
H. Pfenninger, Püntstrasse 20, 8047 Zürich

Fachgeschäft für Sport + Mode

SPORT MARK

Tel. 081/73 11 65
7482 BERGÜN

Das Schlitten-Spezialgeschäft mit komplettem Schlitten- und Rodelprogramm:

Davoser-, Grindelwaldner
Bergüner-Schlitten
Tourenrodel, Sportrodel
Super-Sportrodel, Rennrodel

Supersportrodel mit aus-
wechselbaren Stahl-
oder Belagschienen

Davoser

Tourenrodel aus Eschen-
holz, stabile Familien-
rodel, auch mit Lehne

SCHLITTELWEGE UND -BAHNEN DER SCHWEIZ

Über 100 speziell präparierte Schlittelwege und -bahnen gibt es in der Schweiz. Viele davon sind einem breiten Publikum nicht bekannt. Oft wunderschön gelegen und mehrere Kilometer lang, sind sie ideale Ausflugsziele.

Auf den folgenden Seiten stellen wir Ihnen 76 dieser Wege und Bahnen in 47 Wintersportorten im Detail vor. (An dieser Stelle sei auch den Verkehrsvereinen für die Zusammenarbeit gedankt.) Ein alphabetisches Verzeichnis aller Wintersportorte mit Schlittelwegen und -bahnen finden Sie ab Seite 140.

ERKLÄRUNG DER SYMBOLE

 Anfahrtsweg per Auto/per Bahn.

 Es handelt sich um eine Schlittelbahn.

 Es handelt sich um einen Schlittelweg.

 Anfangs- und Endpunkt von Schlittelbahn/Schlittelweg, Länge, Höhendifferenz. Erreichbarkeit des Ausgangspunktes.

 Wie gelangt man vom Endpunkt der Bahn/des Weges wieder zurück an den Ausgangspunkt?

 Wo können Schlitten gemietet werden?

 Die Benützung der Schlittelbahn/des Schlittelwegs ist gebührenpflichtig.

 Nachtschlitteln ist möglich.

 Restaurants für Zwischenverpflegung.

 Telefonnummern für weitergehende Informationen.

 Diverse Angebote (Schlittelrennen, Pferdeschlittenfahrten, Schlittenhunderennen etc.)

im Berner Oberland

Auto Auf N6 bis Autobahnausfahrt Spiez, auf gut ausgebauter
Strasse ca. 30 km (Richtung Frutigen)
Bahn Internationale Verbindungen bis Frutigen (Lötschberglinie),
Busverbindungen ab Bahnhof Frutigen

Schlittelweg Sillerenbühl-Bergläger, 5 km lang, 500 m Höhendifferenz

Mit der Adelboden-Silleren-Bahn

Bei Oester-Sport und Rösti-Sport in Adelboden

Diverse Restaurants in Adelboden

Schneebericht   Tel. 033 73 29 29
Verkehrsverein   Tel. 033 73 22 52
Sillerenbahn   Tel. 033 73 10 99

*Der Schlittelweg ist offen ab 15.30 Uhr. In Adelboden werden auch
Pferdeschlittenfahrten angeboten und – besonders empfehlenswert –
Tailing-Parties.*

Berner Oberland

Auto   Auf N8 bis Ausfahrt Brienz.
Bahn   Internationale Verbindungen bis Brienz. Dann mit Linienbus
      ca. 30 Minuten bis Axalp.

1   Schlittelweg Sporthotel Axalp–Restaurant Bellevue, 2000m lang,
    140m Höhendifferenz
2   Schlittelweg Schyberg–Mittlisten, 800m lang, 300m Höhendifferenz

Teilstück mit Autobus

Barghuus, Peter Rubi, Axalp

Sporthotel Axalp, Restaurant Bellevue, Chemihüttli und Hilten

Schneebericht	Tel. 036 51 26 32
	(ab Nov. 96: 033 951 26 32)
Tourismusverein	Tel. 036 51 32 42
	(ab Nov. 96: 033 951 32 42)
Autobus	Tel. 036 51 15 45
	(ab Nov. 96: 033 951 15 45)

Es findet alljährlich ein Axalper Schlittelrennen statt. Disziplinen:
Eigenkonstruktionen, Rennschlitten, Sie, Er, Sie & Er.
Bei guten Schneeverhältnissen verkehren abends Extrabusse
Brienz–Axalp: Schlittelstrecke mit 1000m Höhendifferenz.

Berner Oberland

Auto Auf N6 über Bern nach Spiez, dann auf gut ausgebauter Strasse über Interlaken nach Grindelwald.

Bahn Internationale Verbindungen bis Interlaken. Dann mit der Berner Oberland-Bahn in 35 Minuten nach Grindelwald.

1 Schlittelbahn Bussalp–Weidli, 4500m lang, 600m Höhendifferenz. Zu erreichen per Postauto.

2 Schlittelweg Bussalp–Grindelwald, 8000m lang, 794m Höhendifferenz. Zu erreichen per Postauto.

3 Schlittelweg Faulhorn–Bussalp–Grindelwald, 12'500m lang, 1650m Höhendifferenz. Zu erreichen mit längerem Fussmarsch ab Bussalp oder First.

zu **1** Postauto bis Bussalp

zu **2** Postauto bis Bussalp

zu **3** Postauto bis Bussalp oder First-Gondelbahn bis First, dann längerer Fussmarsch (2,5h)

Sportgeschäft Graf

Im Berg-Restaurant Bussalp

Schneebericht   Tel. 036 33 12 12
Verkehrsverein   Tel. 036 53 12 12
Autoverkehr Grindelwald   Tel. 036 53 16 16

Fürs Nachtschlitteln Bussalp–Grindelwald Reservation beim Verkehrsverein nötig. Ab Bussalp nach Grindelwald findet regelmässig ein Fondueplausch mit Schlittenabfahrt statt.
In Grindelwald werden auch Pferdeschlittenfahrten angeboten.

Berner Oberland

Auto Auf N6 bis Spiez, von da Richtung Zweisimmen nach Gstaad.

Bahn Über Bern, Spiez und Zweisimmen nach Gstaad. Ortsbus vom Bahnhof zur Gondelbahn Eggli.

Schlittelweg Eggli–Grund, 4500m lang, 500m Höhendifferenz. Aus gangspunkt erreichbar per Gondelbahn Eggli.

Am Endpunkt des Schlittelwegs zwei Kilometer Fussmarsch zurück zur Talstation der Gondelbahn. Mit etwas Glück erwischt man bei der Moosfangbrücke das Postauto zum Bahnhof Gstaad.

In allen Sportgeschäften in Gstaad

Berggasthaus Eggli

Schneebericht   Tel. 030 8 82 80
Verkehrsverein   Tel. 030 8 81 81
Bergbahnen   Tel. 030 8 82 82

Auf diesem Schlittelweg muss einmal zwischendurch mit dem Schlitten etwa 30 Minuten spaziert werden.

96

3718 KANDERSTEG   1176 m. ü. M.   BE

Berner Oberland

Auto Auf N6 Richtung Interlaken bis Spiez. Dann 24km auf gut ausgebauter Strasse nach Kandersteg.

Bahn Erreichbar über die internationale Bahnlinie Bern–Lötschberg–Simplon.

Schlittelbahn Oeschiwald–Schützenhaus, 800m lang, 65m Höhendifferenz. Ausgangspunkt zu Fuss erreichbar.

Zu Fuss erreichbar (im unteren Teil des Oeschiwaldes)

In allen Sportgeschäften in Kandersteg

Restaurants in Kandersteg

Schneebericht   Tel. 033 75 13 60
Verkehrsverein   Tel. 033 75 22 33
Bahnhof   Tel. 033 75 18 88

Die Schlittelbahn ist jeden Abend von 20h bis 22h beleuchtet.

Berner Oberland

Auto Auf N6 nach Spiez, weiter Richtung Kandertal bis Reichenbach. Von da ca. 6km nach Kiental.

Bahn Mit der SBB über Thun nach Spiez. Weiter nach Reichenbach i.K. Umsteigen ins Postauto nach Kiental (ca. 15 Minuten).

Schlittelweg Ramlauenen–Kiental, 6000m lang, 500m Höhendifferenz. Ausgangspunkt erreichbar mit der Sesselbahn.

Mit der Sesselbahn Ramslauenen

Bei der Talstation der Sesselbahn

Im Berghaus Ramslauenen

Schneebericht	Tel. 033 76 11 15
	(ab Nov. 96: 033 676 11 15)
Verkehrsverein	Tel. 033 76 10 10
	(ab Nov. 96: 033 676 10 10)
Sesselbahn	Tel. 033 76 11 15
	(ab Nov. 96: 033 676 11 15)

Der Schlittelweg eignet sich gut für Mondscheinfahrten

Berner Oberland

Auto Auf N6 bis Spiez, weiter über Zweisimmen nach Lenk.
Bahn Mit der SBB nach Thun, dann über Spiez nach Zweisimmen. Weiter mit der MOB nach Lenk.

Schlittelweg Leiterli–Stoss, 3000m lang, 309m Höhendifferenz. Ausgangspunkt erreichbar per Gondelbahn.

Mit der Betelberg Gondelbahn Lenk–Leiterli

Im Berghaus Leiterli und in den Lenker Sportgeschäften

Berghaus Leiterli, Berghaus Betelberg, Berghaus Stoss

Schneebericht   Tel. 030 3 10 19
Verkehrsverein   Tel. 030 3 15 95
Bergbahnen   Tel. 030 3 10 96

Auf dem Leiterli ist die alpenweit einmalige Pneu-Rutschbahn.
Dieser Schlittelspass in Steilwandkurven ist gebührenpflichtig.

Berner Oberland

 Auto Auf N6 bis Spiez, dann über Bolligen nach Zweisimmen. Bushaltestelle beim Bahnhof.

Bahn Mit der SBB bis Spiez, dann mit der Bern-Lötschberg-Simplon-Bahn bis Zweisimmen.

 Schlittelweg Sparenmoos–Zweisimmen, 7500m lang, 700m Höhendifferenz. Ausgangspunkt erreichbar per Bus.

 Mit dem Bus

 Beim Berghotel Sparenmoos

 Berghotel Sparenmoos (beim Start) und diverse Restaurants im Dorf Zweisimmen

 Schneebericht   Tel. 030 4 66 00
Verkehrsverein   Tel. 030 2 11 33
Reisebüro Jakob Tritten   Tel. 030 2 16 16

 Der erste Teil des Schlittelwegs (Sparenmoos–Heimkuhweide) ist der schnellere. Immer um .30h führt ein Bus die Schlittler zurück zum Start. Gruppen sollten Schlitten im voraus reservieren. Nachtschlitteln Montag bis Samstag von 19h bis 22h.

Diemtigal

Auto   Auf N6 über Thun bis Ausfahrt Wimmis, weiter nach Diemtigal.

Bahn   Internationale Bahnverbindungen bis Spiez, umsteigen in Richtung Zweisimmen bis Oey.

Schlittelweg Berghaus Nüegg–Talstation Sesselbahn, 5000m lang, 500m Höhendifferenz. Ausgangspunkt erreichbar per Sesselbahn.

Mit der Sesselbahn

Stucki Sport bei der Talstation Wiriehorn, Sportgeschäft Gottfried Erb bei der Talstation Grimmialp, Sportgeschäft Rudolf Wenger in Oey

Berghaus Nüegg

Schneebericht	Tel. 033 84 13 23
	(ab Nov. 96: 033 684 13 23)
Verkehrsverein	Tel. 033 81 26 06
	(ab Nov. 96: 033 681 26 06)
Wiriehornbahnen	Tel. 033 84 12 33
	(ab Nov. 96: 033 684 12 33)

Verlangen Sie das spezielle Programm fürs Mondschein-Schlitteln.

Ostschweiz

Auto Über Ziegelbrücke und Glarus nach Linthal. Auto parkieren und umsteigen in Braunwaldbahn.

Bahn Mit der SBB nach Linthal. Umsteigen in Braunwaldbahn.

1 Schlittelbahn Grotzenbüel–Hüttenberg, 3000m lang, 300m Höhendifferenz

2 Schlittelweg Mattwald–Rubschen–Dorf–mittlerer Höhenweg, 4000m lang, 300m Höhendifferenz

3 Schlittelweg Grossyten–Tödiblick, 4000m lang, 300m Höhendifferenz

zu **1** Mit der Grotzenbüel-Bahn

zu **2** Mit der Grotzenbüel-Bahn

zu **3** Mit der Grotzenbüel-Bahn

Kessler Sport, Ahorn Sport

Chämistube, Hotel Cristal, Hotel Rubschen, Restaurant Uhu sowie diverse weitere Restaurants

Schneebericht   Tel. 058 84 35 35
                  (ab März 96: 055 643 35 35)

Verkehrsverein   Tel. 058 84 11 08
                  (ab März 96: 055 643 11 08)

Bahnhof Linthal   Tel. 058 84 15 22
                  (ab März 96: 055 643 15 22)

Nachtschlitteln dienstags bis 22.30h auf der Schlittelbahn Grotzenbüel–Hüttenberg (beleuchtet). Die Angebotspalette dieses autofreien Wintersportortes umfasst auch Pferdeschlittenfahrten (auch abends) sowie ein Rösslitram.

102

Sernftal

Auto Auf N3 bis Niederurnen, dann über Glarus nach Elm.
Bahn Internationale Verbindungen bis Ziegelbrücke, umsteigen nach Schwanden, dann weiter mit dem Autobus bis Elm Sportbahnen.

1 Schlittelweg Wissenberg–Matt, 3000m lang, 500m Höhendifferenz. Ausgangspunkt erreichbar per Gondelbahn.
2 Schlittelweg Alp Empächli–Elm Dorf, 3000m lang, 500m Höhendifferenz. Ausgangspunkt erreichbar per Sesselbahn.

zu **1**   Mit Gondelbahn Matt–Weissenberge
zu **2**   Mit Sesselbahn Elm–Empächli

Rhyner-Sport, bei der Bergstation der Sesselbahn Elm-Empächli, bei der Luftseilbahn Matt-Weissenberge

Restaurant Schabell, Elm; Restaurant Weissenberge, Matt

Schneebericht   Tel. 058 86 19 19
                     (ab März 96: 055 642 60 66)
Verkehrsverein   Tel. 058 86 17 27
                     (ab März 96: 055 642 60 67)
Sportbahnen Elm   Tel. 058 86 17 44
                     (ab März 96: 055 642 60 60)

Auto Auf N3 bis Ausfahrt Murg, weiter in Richtung Kerenzerberg nach Filzbach.

Bahn Von Zürich über Ziegelbrücke nach Näfels/Mollis auf den Kerenzerberg. Dann Postauto nach Filzbach.

Schlittelweg Habergschwänd–Filzbach, 7000m lang, 530m Höhendifferenz. Ausgangspunkt erreichbar mit der Sesselbahn ab Filzbach.

Mit der Sesselbahn

An der Bergstation Habergschwänd (Plastik-Schlitten) und in diversen Sportgeschäften

Bergrestaurant Habergschwänd

Schneebericht	Tel. 058 32 16 20
	(ab März 96: 055 614 16 20)
Verkehrsbüro	Tel. 058 32 16 12
	(ab März 96: 055 614 16 12)
Sportbahnen AG	Tel. 058 32 11 68
	(ab März 96: 055 614 11 68)

Dieser Schlittelweg eignet sich sehr für Familien. Er hat kaum schwierige oder gefährliche Stellen.
Im Sommer ist in Filzbach die längste Sommerrodelbahn der Schweiz in Betrieb: 1300m lang, mit attraktiven Steilwandkurven. Ausgangspunkt erreichbar mit der Sesselbahn ab Filzbach. Spezialschlitten stehen zur Verfügung.

Ostschweiz

Auto Auf N3 bis Niederurnen, weiter über Glarus und Schwanden nach Matt.

Bahn Internationale Verbindungen bis Ziegelbrücke, umsteigen nach Schwanden, mit dem Autobus bis Matt.

Schlittelweg Weissenberg–Matt, 3200m lang, 410m Höhendifferenz. Ausgangspunkt erreichbar mit der Luftseilbahn Matt–Weissenberge.

Mit der Luftseilbahn Matt–Weissenberge

An der Talstation der Luftseilbahn, im Gasthaus Weissenberge

Berggasthaus Weissenberge und Restaurant Jägerstübli, Matt

Schneebericht	Tel.058 86 15 46
Verkehrsverein	Tel. 058 86 15 46
	(ab 1996: 058 642 15 46)
Busbetrieb	Tel. 058 86 17 17

Nachtschlitteln und Schlittelrennen gemäss spezieller Ankündigung.

Graubünden

Auto N13 bis Chur, dann nach Arosa auf kurvenreicher, gut ausgebauter Strasse (30 km).

Bahn Internationale Verbindungen bis Chur, weiter mit der RhB nach Arosa.

1 Schlittelweg Tschuggenhütte–Grand Hotel Tschuggen, 800m lang, 151m Höhendifferenz

2 Schlittelweg Prätschli–Maran–Obersee, 1700m lang, 169m Höhendifferenz (Provisorium)

3 Schlittelweg Prätschlistrasse, 1500m lang, 169m Höhendifferenz

zu **1** Gratis-Bus/Sesselbahn Tschuggen Innerarosa/mit Weisshornbahn bis Mittelsation, dann ca. 10minütiger Fussmarsch

zu **2** Bis Prätschli mit Gratis-Bus/Nachts mit Nachtexpress

zu **3** Gratis-Bus bis Prätschli

Alle Schlittelwege sind auch zu Fuss erreichbar

In Aroser Sportgeschäften.
Gruppen direkt beim Kurverein (Voranmeldung nötig)

Diverse Restaurants in unmittelbarer Nähe der Schlittelwege

Schneebericht   Tel. 081 31 18 30
Verkehrsverein   Tel. 081 31 51 51
            (ab 16.4.96: 081 377 51 51)
Bahnhof RhB   Tel. 081 31 21 44
            (ab 16.4.96: 081 377 21 44)

Der (noch provisorische) Schlittelweg Prätschli–Maran–Obersee ist nachts bis 24h beleuchtet. Ein Nachtexpress führt direkt zum Ausgangspunkt des Schlittelwegs.
In Arosa werden auch Pferdeschlittenfahrten angeboten.

Graubünden/Albula-Tal

Auto Ab Chur Richtung Tiefencastel und über Filisur nach Bergün.

Bahn Ab Chur mit der RhB Richtung Tiefencastel bis Preda.

1 Schlittelbahn Preda–Bergün, 5000m lang, 357m Höhendifferenz. Ausgangspunkt in 20 Bahnminuten (RhB) ab Bergün. Dann 1km Fussmarsch bis zum Start.

2 Schlittelweg Darlux–Bergün, 4500m lang, 600 m Höhendifferenz.

zu **1** Mit der RhB von Bergün in 20 Minuten nach Preda. Fährt stündlich.

zu **2** Sesselbahn Bergün–Darlux

Bei der Station Preda, Tel. 081 73 11 44. Für Gruppen (zur Sicherheit auch Einzelpersonen) im voraus reservieren. Bei Mark Sport, Bergün. Bei der Talstation der Bergbahn.

Verschiedene Restaurants in Preda und Bergün

Schlitteltelefon	Tel. 048 021 602
Schneebericht	Tel. 081 73 14 14
	(ab 10. April 96: 081 407 14 14)
Verkehrsverein	Tel. 081 73 11 52
	(ab 10. April 96: 081 407 11 52)
Bahnstation RhB	Tel. 081 73 11 28
	(ab 10. April 96: 081 407 11 28)

Die Schlittelbahn Preda–Bergün ist vom 16. Dezember bis 17. März in Betrieb und abends bis 23.30h geöffnet. Jeden Montag (ausser 26. Dezember und 2. Januar) geschlossen und 24. und 31. Dezember ab 16.45h geschlossen. Es kann auch nachts geschlittelt werden. In Bergün werden auch Pferdeschlittenfahrten angeboten.

Surselva

Auto Von Chur über Ilanz nach Breil/Brigels.
Bahn Internationale Verbindungen bis Chur, von da über Ilanz nach Tavanasa. Mit dem Postauto nach Breil/Brigels.

1 Schlittelweg Artugl–Brigels, 2500m lang, 182m Höhendifferenz
2 Schlittelweg Burleun–Brigels, 5000m lang, 400m Höhendifferenz

zu **1** Nähe Camplun-Lift, aber nur zu Fuss erreichbar
zu **2** Mit Sesselbahn «Crest Falla»

In den Sportgeschäften im Dorf

Bergrestaurant Burleun

Schneebericht   Tel. 081 941 13 33
Verkehrsverein   Tel. 081 941 13 31
Bahnhof RhB Tavanasa   Tel. 081 941 11 66

Der Schlittelweg Burleun–Brigels gilt als sehr familienfreundlich. In Brigels finden übrigens auch Hornschlittenrennen und «normale» Schlittenrennen statt. Auch Pferdeschlittenfahrten werden angeboten. Nachtschlitteln alle 2 Wochen nach Racletteabend beim Burleunwirt. Anmeldung erforderlich.

Landwassertal

Auto Auf N3 Richtung Chur bis Ausfahrt Landquart, von da nach Davos Platz.

Bahn Internationale Verbindungen bis Landquart. Mit RhB bis Davos Platz.

1 Schlittelbahn Schatzalp–Davos, 2500m lang, 300m Höhendifferenz. Ausgangspunkt erreichbar mit der Schatzalp-Bahn.

2 Schlittelbahn Ischmeder–Klinik Clavadel, 3750m lang, 430m Höhendifferenz. Erreichbar via Carjöler-Sessellift.

3 Schlittelweg Rinerhorn–Glaris, 3500m lang, 600m Höhendifferenz. Erreichbar mit der Rinerhornbahn.

zu **1** Ab Davos mit der Schatzalp-Bahn bis zur Endstation

zu **2** Ab Davos Platz mit Carjöler-Sessellift

zu **3** Ab Davos Glaris mit der Rinerhornbahn bis zur Bergstation

In diversen Davoser Sportgeschäften und an den Talstationen der Schatzalp-Bahn und der Rinerhornbahn

Restaurants bei den Endstationen der Bahnen

Schneebericht	Tel. 081 46 55 05
Verkehrsverein	Tel. 081 415 21 21
Bahnhof RhB	Tel. 081 43 50 50

Die Schlittelbahn Schatzalp–Davos mit ihren 20 Eiskurven ist sehr spektakulär! Jeweils im Februar findet ein Schlittenfahrturnier in Davos statt. Die traditionelle Kinder-Schlittenfahrt findet Anfang Februar statt. Auf dem Rinerhorn-Schlittelweg findet im März ein Hornschlittenrennen statt. In Davos werden auch Pferdeschlittenfahrten angeboten.

109

Graubünden

Auto Auf N3 bis Chur, dann über Domat-Ems bis Rhäzüns. Mit Luftseilbahn nach Feldis.

Bahn Internationale Verbindungen bis Chur, über Domat-Ems bis Rhäzüns. Mit Luftseilbahn nach Feldis.

Schlittelweg Feldis–Domat/Ems, 7000m lang, 900m Höhendifferenz

10 Minuten Fussmarsch bis zum Bahnhof, mit Bahn und Seilbahn zurück nach Feldis

Im Restaurant Wildenstein, Feldis

Diverse Restaurants in Feldis

Schneebericht   Tel. 081 83 15 91
Verkehrsverein   Tel. 081 83 17 82
Luftseilbahn   Tel. 081 83 12 67

Prättigau

Auto Auf N3 bis Ausfahrt Landquart. Von da auf gut ausgebauter Strasse nach Fideris.

Bahn Internationale Verbindungen bis Landquart. Von da mit der Rhätischen Bahn in ca. 20 Minuten nach Fideris.

Schlittelweg Heuberge–Fideris, 11'000m lang, 1100m Höhendifferenz. Ausgangspunkt erreichbar mit dem Bus ab Fideris Dorf.

Rücktransport mit dem Bus ab Fideris 9.30h und 13.00h oder nach Absprache im Berghaus Arflina oder im Berghaus Heuberge

Im Berghaus Arflina und im Berghaus Heuberge

Bergrestaurants Arflina und Heuberge sowie diverse Restaurants in Fideris

Berghaus Arflina   Tel. 081 54 13 04
Berghaus Heuberge   Tel. 081 54 13 05
Schneebericht   Tel. 081 54 43 34
Verkehrsverein   Tel. 081 54 13 04
Bahnhof RhB   Tel. 081 54 11 08

Achtung: Auf diesem Schlittelweg verkehren Autos und Busse der Berghäuser! Offiziell von 14.30h bis 16h für Autos gesperrt.
Der Bus nach Heuberge fährt zwischen 9h und 9.30h und zwischen 12.30h und 13h oder nach Absprache in den Berghäusern.
Nachtschlitteln (ohne Beleuchtung) ist möglich.

Albula-Tal

Auto Auf N3 bis Chur, weiter Richtung Tiefencastel bis Filisur.
Bahn Internationale Verbindungen bis Chur, weiter mit der RhB
Richtung Tiefencastel bis Filisur.

Schlittelweg Sela–Filisur, 4500m lang, 320m Höhendifferenz. Bitte
beim Verkehrsverein anfragen, ob der Schlittelweg präpariert werden konnte.

Zu Fuss

Es können keine Schlitten gemietet werden

Diverse Restaurants in Filisur

Verkehrsverein   Tel. 081 72 13 10
Bahnhof   Tel. 081 72 11 32

*In Filisur werden Pferdeschlittenfahrten angeboten und es gibt
verschiedene Schlittelhänge für Kinder.
Filisur ist ein idealer Ausgangspunkt zum Schlitteln in Bergün:
10 Minuten Fahrzeit braucht die Rhätische Bahn dazu.*

Prättigau

Auto   Auf N13 bis Ausfahrt Landquart, weiter nach Klosters.
Bahn   Internationale Zugsverbindungen bis Landquart, umsteigen in RhB bis Klosters.

1   Schlittelweg Gotschnaboden–Talstation, 3500m lang, 580m Höhendifferenz. Ausgangspunkt erreichbar per Luftseilbahn.
2   Schlittelweg vom Bergrestaurant Alpenrösli–Klosters Platz, 1000m lang, 250m Höhendifferenz
3   Schlittelweg Melcheti–Aeuja, 1500m lang, 150m Höhendifferenz.

zu **1**   Ab Mittelstation mit der Gotschnabahn
zu **2**   Zu Fuss
zu **3**   Zu Fuss

In diversen Sportgeschäften in Klosters sowie an der Mittelstation der Gotschnabahn

Bergrestaurant Alpenrösli

Schneebericht   Tel. 081 43 69 04
                     (ab 16.4.96: 081 413 69 04)
Verkehrsverein   Tel. 081 410 20 20
Gotschna-Bahn   Tel. 081 69 13 90
                     (ab 16.4.96: 081 422 13 90)

In Klosters werden auch Pferdeschlittenfahrten angeboten, beispielsweise nach Alp Garfinn. Individuelle Pferdeschlittenfahrten auf Anfrage.

113

Graubünden

Auto Auf N13 bis Chur, weiter Richtung Arosa nach Langwies.
Bahn Internationale Verbindungen bis Chur, umsteigen in RhB Richtung Arosa bis Langwies.

1 Schlittelweg Fondei–Langwies, 5000m lang, 610m Höhendifferenz. Ausgangspunkt nur zu Fuss erreichbar.
2 Schlittelweg Pyrigen–Langwies, 5000m lang, 380m Höhendifferenz. Ausgangspunkt nur zu Fuss erreichbar.
3 Schlittelweg Sapün–Langwies, 5000m lang, 360m Höhendifferenz. Ausgangspunkt nur zu Fuss erreichbar

Alle drei Schlittelwege sind nur zu Fuss erreichbar.

Schlitten können am Ausgangspunkt gemietet werden

Bergrestaurants an allen drei Ausgangspunkten

Verkehrsverein   Tel. 081 374 22 55
Bahnhof   Tel. 081 374 21 67

Unterengadin

Auto　Auf N13 bis Landquart, weiter über Davos, den Flüelapass und Susch nach Lavin.

Bahn　Internationale Verbindungen bis Chur, weiter mit der RhB nach Samedan, umsteigen in Richtung Scuol nach Lavin.

Schlittelweg Charnadüras–Lavin, 3000m lang, 300m Höhendifferenz. Ausgangspunkt zu Fuss erreichbar.

Zu Fuss

Es können keine Schlitten gemietet werden

Restaurant Piz Linard und Crusch Alba

Schneebericht　　　　　Tel. 081 862 26 26
Verkehrsverein　　　　　Tel. 081 862 27 82
Bahnhof　　　　　　　　Tel. 081 862 26 64

7078 LENZERHEIDE 1500 m. ü. M.

Graubünden

Auto Auf N3 nach Chur (Ausfahrt Chur Süd), weiter nach Lenzerheide.
Bahn SBB-Verbindung bis Chur, umsteigen ins Postauto nach Lenzerheide (für Schlittelweg 2 bis Haltestelle Canols).

1 Schlittelweg Sporz–Lain (Obervaz), 2500m lang, 300m Höhendifferenz. Ausgangspunkt erreichbar per Sesselbahn Val Sporz–Tgantieni
2 Schlittelweg Scharmoin–Talstation Rothornbahn, 5015m lang, 400m Höhendifferenz. Ausgangspunkt erreichbar per Rothornbahn.

zu **1** Mit dem Postauto Obervaz–Lenzerheide
zu **2** Mit der Luftseilbahn Canols–Scharmoin 1. Sektion (Mittelstation Scharmoin)

In Sportgeschäften im Dorf oder bei der Mittelstation Scharmoin (Mittelstation Rothornbahn)

Bergrestaurant Scharmoin. Restaurant Snack bei der Talstation der Rothornbahn.

Schneebericht   Tel. 081 385 03 33
Verkehrsverein   Tel. 081 34 34 34
                       (ab 16.4.96: 081 384 34 34)
Rothornbahn   Tel. 081 385 03 85

Bei der Mittelstation Scharmoin können Taschenlampen fürs Nachtschlitteln gemietet werden. In Lenzerheide finden regelmässig Schlittelabendpläusche, Schlittelrennen und internationale Schlittenhunderennen statt. Es werden auch Busfahrten nach Bergün organisiert (Schlittelbahn!).

116

Val Müstair

Auto Auf N13 bis Ausfahrt Landquart, dann über Davos, Flüela- und Ofenpass nach Müstair.

Bahn Internationale Verbindungen bis Chur, dann umsteigen in die RhB nach Davos–Zernez–Müstair.

1 Schlittelweg Lü–Tschierv, 3000m lang, 240m Höhendifferenz. Ausgangspunkt erreichbar per Autobus.

2 Schlittelweg vom Restaurant Alp da Munt–Talstation Minschuns, 1500m lang, 600m Höhendifferenz. Ausgangspunkt erreichbar zu Fuss.

3 Schlittelweg auf dem unteren Teil der Umbrail-Passstrasse, 2000m lang, 300m Höhendifferenz. Ausgangspunkt erreichbar zu Fuss.

zu **1** Per Postauto
zu **2** Zu Fuss
zu **3** Zu Fuss

Bei Muglin Sport, Tschierv und Grond Sport, Müstair

Diverse Restaurants in Müstair

Schneebericht   Tel. 082 8 51 09
                      (ab 26.4.96: 081 858 51 09)
Verkehrsverein   Tel. 082 8 55 66
                      (ab 26.4.96: 081 858 55 66)
Postauto-Betrieb   Tel. 082 8 51 41
                      (ab 26.4.96: 081 858 51 41)

Surselva

Auto Im Winter über Chur oder Göschenen mit Autoverlad ab Andermatt erreichbar. Reservation für Hin- und Rückweg unerlässlich!

Bahn Gute Verbindungen über Chur–Disentis oder Göschenen (Gotthardlinie)–Oberalppass.

1 Schlittelbahn Cungieri–Sedrun, 3500m lang, 400m Höhendifferenz. Ausgangspunkt erreichbar per Sesselbahn.

2 Schlittelweg Planatsch (Mulinatsch–Rueras), 2000m lang, 250m Höhendifferenz. Ausgangspunkt zu Fuss erreichbar.

zu **1** Sesselbahn Sedrun–Cungieri
zu **2** Sesselbahn Dieni–Milez

In den Sportgeschäften in Sedrun

Bergrestaurant Cungieri, bei der Endstation der Bahn
Bergrestaurant Planatsch, bei der Endstation der Bahn

Autoverlad ab Andermatt	Tel. 044 6 72 20
Autoverlad ab Sedrun	Tel. 081 949 11 37
Schneebericht	Tel. 081 949 17 44
Verkehrsverein	Tel. 081 949 15 15
Bahnhof FO	Tel. 081 949 11 37

Nachtschlitteln auf der Schlittelbahn Cungieri. In Sedrun werden auch Pferdeschlittenfahrten angeboten.

Engadin

Auto Auf N13 über Chur bis Thusis, weiter über Tiefencastel, Julierpass, Silvaplana nach Sils.
Bahn Internationale Verbindungen bis Chur, weiter mit der RhB nach St. Moritz. Umsteigen ins Postauto nach Sils.

Schlittelbahn Laretwald–Silserebene, 1000m lang, 70m Höhendifferenz. Ausgangspunkt zu Fuss erreichbar.

Zu Fuss

In den Sportgeschäften in Sils

Verschiedene Restaurants in Sils-Maria

Schneebericht   Tel. 082 2 31 41
Verkehrsverein   Tel. 082 4 52 37
                     (ab 1.2.96: 081 838 50 50)
Postauto   Tel. 082 3 30 72

Es werden Pferdeschlittenfahrten ins Val Fex angeboten.

119

Engadin

Auto Auf N13 über Chur bis Thusis, weiter über Tiefencastel nach Silvaplana.

Bahn Internationale Verbindungen bis Chur, umsteigen ins Postauto nach Silvaplana. Oder mit der RhB bis St. Moritz, dann umsteigen ins Postauto.

Schlittelweg in Surlej, 800m lang, 135m Höhendifferenz. Ausgangspunkt nur zu Fuss erreichbar.

Zu Fuss

Skiservice Corvatsch, Silvaplana-Surlej; Drachenatelier Silvaplana

Diverse Restaurants in Silvaplana, Surlej und Champfèr

Schneebericht	Tel. 082 2 31 41
	(ab April 96: 081 833 31 41)
Verkehrsverein	Tel. 082 4 98 00
	(ab April 96: 081 838 60 00)
Postauto-Betrieb	Tel. 081 26 31 84

Jeden Dienstag wird ein Schlittelplausch mit Glühwein organisiert.

Rheinwald

Auto   Auf N13 über Chur nach Sufers.
Bahn   Internationale Verbindungen bis Chur, umsteigen in RhB
nach Thusis, weiter mit dem Postauto nach Sufers. Postauto-
verbindung Sufers–Splügen.

Schlittelweg Perfils–Sufers, 2500m lang, 270m Höhendifferenz.
Ausgangspunkt zu Fuss erreichbar.

Zu Fuss.

Bei Hobi Sport und Splügen Sport, Splügen

Hotel Seeblick, Sufers

Schneebericht   Tel. 081 62 12 12
                     (ab 16.4.96: 081 664 12 12)
Verkehrsverein   Tel. 081 62 13 32
                     (ab 16.4.96: 081 664 13 32)
Postauto-Betrieb   Tel. 081 81 11 85

Münstertal

Auto Auf N13 bis Landquart, weiter nach Davos Dorf, über
Flüela- und Ofenpass nach Tschierv.
Bahn Internationale Verbindungen bis Landquart, umsteigen in
RhB nach St. Moritz–Zernez. Weiter mit dem Postauto nach
Tschierv.

1 Schlittelweg Lü–Tschierv, 3800m lang, 240m Höhendifferenz.
Ausgangspunkt erreichbar per Postauto, Privatauto oder zu Fuss.
2 Schlittelweg Minschuns–Via d'Alp, 1200m lang, 200m Höhendifferenz. Ausgangspunkt erreichbar mit Sportbus oder Privatauto (Postplatz Talstation Skigebiet).
3 Schlittelweg Umbrail–Sta. Maria, 1500m lang, 200m Höhendifferenz. Ausgangspunkt erreichbar per Postauto, Privatauto
oder zu Fuss.

zu **1**   Zu Fuss
zu **2**   Zu Fuss
zu **3**   Zu Fuss

Muglin Sport, Tschierv

Diverse Restaurants in Tschierv, Lü und Sta. Maria; Bergrestaurant
Alp da Munt

Schneebericht   Tel. 082 8 51 09
(ab 16.4.96: 082 858 51 09)
Verkehrsverein   Tel. 082 8 72 72
(ab 16.4.96: 082 858 72 72)
Sportanlagen   Tel. 082 8 51 09
(ab 16.4.96: 082 858 51 09)

Nachtschlitteln bei Mondschein möglich (ohne Beleuchtung).

Zentralschweiz

Auto Auf N4 nach Goldau oder über Luzern nach Vitznau. Weiter mit den Rigi-Bahnen auf die Rigi.

Bahn Internationale Verbindungen bis Arth-Goldau, umsteigen in die Rigi-Bahnen auf die Rigi.

1 Schlittelbahn Rigi Kaltbad–Romiti, 1400m lang, 243m Höhendifferenz.

2 Schlittelweg Rigi Kulm–Rigi Klösterli, 3100m lang, 495m Höhendifferenz

3 Schlittelweg Rigi Staffelhöhe–Rigi Kaltbad, 600m lang, 123m Höhendifferenz

Auf allen drei Bahnen/Wegen mit der Rigi-Bahn

An den Bahn-Stationen Rigi Kaltbad, Rigi Staffel und Rigi Klösterli

Mehrere Restaurants auf der Rigi

Schneebericht	Tel. 041 83 17 00
	(ab 4.11.95: 041 397 27 70)
Verkehrsverein	Tel. 041 83 11 28
	(ab 4.11.95: 041 397 11 28)
Rigi-Bahnen	Tel. 041 83 18 18
	(ab 4.11.95: 041 399 87 87)

Bei den Rigi-Bahnen sind spezielle Fahrausweise für Schlittler erhältlich. Nachtschlitteln auf der Schlittelbahn Rigi Kaltbad–Romiti von 19h bis 22h auf Anfrage. Regelmässiger Vollmondnacht-Schlittelplausch von Rigi Kulm–Rigi Klösterli. Es werden auch Pferdeschlittenfahrten angeboten.

Zentralschweiz

Auto Ab Luzern auf Hauptstrasse nach Schüpfheim, von da weiter nach Sörenberg.

Bahn Internationale Verbindungen bis Luzern. Von da mit SBB nach Schüpfheim, umsteigen ins Postauto nach Sörenberg.

Schlittelweg Schwand–Sörenberg Platz, 2500m lang, 165m Höhendifferenz. Ausgangspunkt nur zu Fuss erreichbar.

Zu Fuss (ca. 30 Minuten)

Felder Sport, Sörenberg

Skihütte Schwand

Schneebericht	Tel. 041 78 16 13
	(ab Nov. 95: 041 488 16 13)
Verkehrsverein	Tel. 041 78 11 85
	(ab Nov. 95: 041 488 11 85)
Postauto	Tel. 041 76 15 10
	(ab Nov. 95: 041 484 15 10)

Der Schlittelweg ist täglich von 10h bis 16h geöffnet.

| Zentralschweiz |

Auto   Auf N2 Richtung Chiasso bis Ausfahrt Beckenried/Emmetten. Parkieren auf Gratisparkplatz. Mit Gondel- oder Luftseilbahn nach Klewenalp.

Bahn   LSE bis Stans, umsteigen ins Postauto nach Beckenried.

Schlittelweg Klewenalp–Stockhütte, 4000m (zum Schlitteln) + 3000m (zum Laufen) lang, 321m Höhendifferenz.

Mit der Klewen-Bahn

Murer Sport bei der Klewenbahn

Diverse Restaurants auf Klewenalp und Stockhütte

Schneebericht	Tel. 04164 64 64
	(ab 23. März 96: 041 620 64 64)
Verkehrsverein	Tel. 041 64 31 70
	(ab 23. März 96: 041 620 31 70)
Klewen-Bahn AG	Tel. 041 64 62 62
	(ab 23. März 96: 041 620 62 62)

Nicht die ganze Strecke ist befahrbar: 4km können befahren, 3km müssen erwandert werden.

Zentralschweiz

Auto Auf N2 Richtung Chiasso bis Ausfahrt Beckenried/Emmetten, von da nach Emmetten.

Bahn Internationale Verbindungen bis Luzern, weiter mit Luzern-Stans-Engelberg-Bahn bis Stans. Mit Postauto nach Emmetten.

1 Schlittelweg Klewen–Tannibüel–Twäregg–Stockhütte, 8000m lang, 800m Höhendifferenz

2 Schlittelweg Stockhütte–Emmetten, 3500m lang, 520m Höhendifferenz

zu **1** Mit der Luftseilbahn Beckenried–Klewenalp

zu **2** Mit der Luftseilbahn Emmetten–Stockhütte

Bei Hans Würsch (Talstation Stockhüttenbahn) und bei Tanner Sport in Emmetten

Diverse Restaurants auf dem Tannibüel, in Stockhütte und in Emmetten

Schneebericht	041 64 44 22
	(ab März 96: 041 620 44 22)
Verkehrsverein	041 64 15 64
	(ab März 96: 041 620 15 64)
Gondelbahn	041 64 30 30
	(ab März 96: 041 620 30 30)

Zentralschweiz

Auto Auf N2 bis Ausfahrt Stans-Süd. Dann 20 km auf gut ausgebauter Strasse nach Engelberg.

Bahn Internationale Verbindungen bis Luzern. Umsteigen in Luzern-Stans-Engelberg-Bahn (LSE).

1 Schlittelbahn Gerschnialp–Engelberg, 3500m lang, 250m Höhendifferenz. Ausgangspunkt erreichbar mit Gondelbahn.

2 Rodelbahn Ristis–Brunni, 600m lang, 40m Höhendifferenz. Auch im Winter geöffnet. Ausgangspunkt erreichbar mit Brunni-Bahn.

zu **1** Mit der Gondelbahn Engelberg–Gerschnialp–Trübsee

zu **2** Mit der Brunni-Bahn

Schlitten können auf der Gerschnialp gemietet werden. (Spezielle «Engelberger-Schlitten» sind im Benützungspreis inbegriffen.)

Restaurants auf Gerschnialp und in Engelberg

Schneebericht   Tel. 041 94 01 01
(ab März 96: 041 637 01 01)

Tourist Center   Tel. 041 94 11 61
(ab März 96: 041 637 37 37)

Bahnhof   041 94 12 03
(ab März 96: 041 637 01 10)

Die Schlittelbahn ist von Weihnachten bis etwa Mitte März täglich von 10.30h–16.30h geöffnet, je nach Schneeverhältnissen. Nachtschlitteln bei beleuchteter Bahn: Dienstag, Freitag und Samstag19.30h–21.30h. Die Bahn kann sehr schnell sein, und das Nachtschlitteln ist für kleine Kinder nicht geeignet. In Engelberg werden auch Pferdeschlittenfahrten angeboten.

127

Zentralschweiz

Auto Auf N2 über Luzern und Sarnen auf den Brünig.
Bahn Von Luzern mit der Brünigbahn auf den Brünig.

1 Schlittelweg Brünig-Pass–Lungern, 3500m lang, 250m Höhendifferenz. Ausgangspunkt mit dem Zug erreichbar.
2 Schlittelweg Käppeli–Lungern, 3000m lang, 100m Höhendifferenz. Ausgangspunkt erreichbar mit der Brünigbahn.

Ab Lungern mit der Brünigbahn (beide Schlittelwege)

Im Restaurant Bahnhöfli

Restaurant Bahnhöfli, Lungern; Brünig Pass-Höhe

Schneebericht	Tel. 041 69 14 65
	(ab Ende März 96: 041 678 14 65)
Verkehrsverein	Tel. 041 69 14 55
	(ab Ende März 96: 041 678 14 55)
Bahnhof	Tel. 041 69 12 12
	(ab Ende März 96: 041 678 12 12)

*Der Schlittelweg Käppeli–Lungern eignet sich für Mondschein-
abfahrten. Der Verkehrsverein Lungern bietet auch Fackelschlitteln
an.*

Zentralschweiz

Auto Auf N8 bis Sarnen, über Kerns und Melchtal nach Stöckalp.

Bahn Bahnverbindung bis Sarnen, dann per Postauto nach Stöckalp.

Schlittelbahn Stöckenmatte–Stöckalp, 720m lang, 130m Höhendifferenz.

Mit dem Skilift oder zu Fuss

Beim Skilift Stöckalp

Restaurant Stöckalp und Restaurant Waldhaus

Schneebericht	041 67 14 14
	(ab Ende März 96: 041 669 14 14)
Verkehrsverein	041 67 12 10
	(ab Ende März 96: 041 669 12 10)
Gondelbahn Melchsee-Frutt	041 67 12 32
	(ab Ende März 96: 041 669 12 32)

Der Skilift Stöckalp zieht Schlitten den Berg hoch!

Toggenburg

Auto Auf N1 nach Wil, weiter Richtung Wattwil nach Lichtensteig. Oder über Rapperswil und Wattwil.

Bahn Mit der SBB über Zürich nach Rapperswil, umsteigen in Richtung St. Gallen bis Lichtensteig.

Schlittelweg vom Restaurant Köbelisberg–Parkplatz Köbelisberg (oder bis Lichtensteig, je nach Schneemenge), 4300m lang, 250m Höhendifferenz.

Zu Fuss

Keine Schlittenmiete möglich

Bergrestaurant Köbelisberg

Verkehrsverein	Tel. 074 7 61 11
	(ab Frühjahr 96: 071 988 61 11)
Bahnhof	Tel. 074 7 13 45
	(ab Frühjahr 96: 071 988 13 45)
Rest. Köbelisberg	Tel. 074 7 15 01
	(ab Frühjahr 96: 071 988 15 01)

Der autofreie Schlittelweg ist gut geeignet für Kinder. Phantastische Aussicht beim Bergrestaurant Köbelisberg. Der Schlittelweg ist nachts nicht beleuchtet.

Toggenburg

Auto   Auf N13 nach Buchs, weiter über Gams nach Wildhaus.
Bahn   Internationale Verbindungen bis Ziegelbrücke, umsteigen
        nach Buchs. Weiter mit dem Postauto nach Wildhaus.

Schlittelweg Gamplüt–Wildhaus, ca. 4000m lang, 300m Höhendifferenz. Ausgangspunkt mit der Gondelbahn oder zu Fuss erreichbar.

Mit der Gondelbahn und zu Fuss (Start 100m von der Bergstation
entfernt)

In Sportgeschäften in Wildhaus

Diverse Restaurants in Wildhaus und am Start des Schlittelwegs

Schneebericht   Tel. 040 67 11 91
                          (ab April 96: 040 67 11 91)
Verkehrsverein   Tel. 074 5 27 27
                          (ab April 96: Tel. 071 999 27 27)
Postauto-Betrieb   Tel. 074 4 32 44
                          (ab April 96: 074 4 17 77)

Bleniotal

Auto Auf N2 nach Biasca, von da ins Bleniotal über Aquarossa nach Leontica.

Bahn Internationale Verbindungen bis Biasca. Umsteigen ins Postauto nach Aquarossa, nochmals umsteigen ins Postauto nach Leontica.

Schlittelbahn Pian Nara–Cancorì 4000m lang, 440m Höhendifferenz. Ausgangspunkt erreichbar per Sesselbahnen Leontica–Cancorì und Cancorì–Pian Nara.

Mit der Sesselbahn Cancorì–Pian Nara

Sportgeschäft in Cancorì

Bergrestaurant Cancorì; Berghütte Pian Nara

Schneebericht	Tel. 091 871 18 21
Verkehrsverein	Tel. 091 871 23 61
Bergbahnen	Tel. 091 871 23 61

| **Zentralschweiz** |

Auto Auf N2 bis Ausfahrt Göschenen, dann 10 Autominuten nach Andermatt.

Bahn Mit der SBB bis Göschenen, umsteigen in Furka-Oberalp-Bahn.

Schlittelweg Nätschen–Andermatt, 4500m lang, 395m Höhendifferenz. Zu erreichen mit der Sesselbahn Andermatt–Nätschen oder der Furka-Oberalp-Bahn ab Andermatt

Mit Furka-Oberalp-Bahn ab Andermatt oder per Sesselbahn

In allen Andermatter Sportgeschäften

Restaurants in Nätschen und in Andermatt

Schneebericht   Tel. 044 6 81 81
                    (ab 23.3.96: 041 887 01 81)
Verkehrsverein   Tel. 044 6 74 54
                    (ab 23.3.96: 041 887 14 54)
Bahnhof   Tel. 044 6 72 20
                    (ab 23.3.96: 041 887 12 20)

Der Schlittelweg Nätschen-Andermatt führt der im Winter nicht benutzen Passstrasse entlang.
Andermatt zählt übrigens zu den schneesichersten Wintersportorten der Schweiz.

133

Oberwallis

Auto Auf N9 über Brig nach Blatten, mit der Luftseilbahn auf die Belalp.

Bahn Internationale Verbindungen bis Brig, Postauto nach Blatten. Von dort mit der Luftseilbahn auf die Belalp.

Schlittelweg Belalp–Blatten, 6050m lang, 772m Höhendifferenz

Mit der Belalpbahn

Im Sporthaus Blatten und im Sport-Shop Lowiner

Restaurants auf der Belalp und am Schlittelweg Feriendorf Tschuggen

Schneebericht   Tel. 028 24 59 82
                       (ab 2. Nov. 96: 028 924 59 82)
Verkehrsverein   Tel. 028 23 13 85
                       (ab 2. Nov. 96: 028 923 13 85)
Seilbahnen AG   Tel. 028 23 20 68
                       (ab 2. Nov. 96: 028 923 20 68)

Abwechslungsreicher Schlittelweg mit steilen Abschnitten für erfahrene Schlittler, aber auch geruhsamen Strecken.

Oberwallis

Auto Auf N9 bis Visp. Durchs Mattertal Richtung Zermatt nach Grächen.

Bahn Internationale Verbindungen bis Brig, dann mit der Zermatt-Bahn nach St. Niklaus. Von da mit dem Autobus in 20 Minuten nach Grächen.

Schlittelweg Hannigalp–Grächen, 2500m lang, 498m Höhendifferenz. Erreichbar mit der Luftseilbahn Hannigalp

Gondelbahn Grächen–Hannigalp

Mehrere Sportgeschäfte in Grächen

Restaurant Hannigalp, Restaurant zum See

Schneebericht   Tel. 028 56 26 40
Verkehrsverein   Tel. 028 56 27 27
Bergbahnen   Tel. 028 56 10 40

Steiler und schneller Schlittelweg. Achtung: nach den ersten hundert Metern (auf der Skipiste) links abzweigen!

135

Saastal

Auto Über Brig oder Sierre nach Visp und Stalden, weiter nach Saas Grund.

Bahn Internationale Verbindungen bis Brig. Mit dem Postauto nach Saas Grund (ca. 55 Minuten).

Schlittelweg Matt–Saas Balen, 3000m lang, 380m Höhendifferenz. Ausgangspunkt zu Fuss erreichbar.

Zu Fuss

In diversen Sportgeschäften in Saas Grund

Restaurant Enzian und Restaurant Bellevue, Saas Balen

Schneebericht   Tel. 028 57 16 62
Verkehrsverein   Tel. 028 57 16 22
Postauto   Tel. 028 23 77 77

Saastal

Auto Auf N6 über Spiez nach Saas-Fee.
Bahn Internationale Verbindungen bis Brig oder Visp, weiter mit dem Postauto nach Saas-Fee.

Schlittelweg Bergstation Hannigbahn–Saas-Fee, 4500m lang, 550m Höhendifferenz. Ausgangspunkt erreichbar mit der Hannigbahn.

Mit der Luftseilbahn Hannig

Bei der Talstation der Luftseilbahn Hannig

Bergrestaurant Hannig oder Restaurant Hohnegg

Schneebericht   Tel. 028 57 12 72
Tourismusorganisation Tel. 028 57 14 57
Hannig-Bahn   Tel. 028 57 26 15

Der Schlittelweg ist offen vom 23. Dezember bis ca. Mitte April.
Nachtschlitteln jeweils Dienstag und Donnerstag von 18h bis 21h.

Wallis

Auto Über Sierre oder Brig nach Raron. Mit der Luftseilbahn nach Unterbäch.

Bahn Internationale Verbindungen bis Brig, weiter über Visp nach Raron. Mit der Luftseilbahn nach Unterbäch.

Schlittelweg Brandalp–Unterbäch, 5000m lang, 430m Höhendifferenz. Ausgangspunkt erreichbar per Sesselbahn.

Mit der Sesselbahn Unterbäch–Brandalp

Sportgeschäft Olympia, Dirren Meinrad

Bergrestaurant Alpenrösli und Hotel Alpenhof

Schneebericht   Tel. 028 44 21 29
Verkehrsverein   Tel. 028 44 10 85
Luftseilbahn   Tel. 028 44 11 86

Unterwallis

Auto Auf N9 oder N12 bis Martigny, weiter Richtung Grosser St. Bernhard bis Sembrancher, abzweigen Richtung Verbier.

Bahn Mit der SBB bis Martigny, mit der Bahngesellschaft Martigny-Orsières bis Châble, dann per Bus oder Gondelbahn nach Verbier.

1 Schlittelweg Les Ruinettes–Verbier, 10'000m lang, 700m Höhendifferenz.

2 Schlittelweg Savoleyres–La Tzoumaz, 10'000m lang, 710m Höhendifferenz.

zu **1**   Mit der Seilbahn

zu **2**   Mit der Seilbahn

In allen Sportgeschäften in Verbier

Restaurant Les Ruinettes, Restaurant Savoleyres

Schneebericht   Tel. 026 35 25 25

Verkehrsverein   Tel. 026 31 62 22

Seilbahn   Tel. 026 35 25 11

Vorsicht auf dem Schlittelweg Les Ruinettes–Verbier: Er kreuzt die Skipiste!

VERZEICHNIS DER SCHLITTEL-WEGE UND -BAHNEN

Nachfolgend eine alphabetische Auflistung aller (Wintersport-) Orte der Schweiz, die unseres Wissens Schlittelbahnen oder -wege unterhalten. Einzelne Wege und Bahnen sind nur in sehr schneereichen Wintern benutzbar: Die Rückfrage bei den jeweiligen Verkehrsvereinen ist in jedem Falle empfehlenswert.
Die Schlittel-Infrastrukturen der hervorgehobenen und mit einer Seitenzahl versehenen Wintersportorte werden in diesem Buch detailliert vorgestellt.

Schlittelwege gibt es in...

wintersport
museum davos

Ein Stück Sportgeschichte: Schlitten, Skis, Schlittschuhe,
Skiwachs, alte Bindungen und Dokumente.
Öffnungszeiten Sommer: Di und Do 16.30h–18.30h
Winter: Di, Do, Sa 16.30h–18.30h
Extraführungen auf Anmeldung möglich
Wintersport Museum Davos · Promenade 43
7270 Davos Platz
Tel. 081 43 24 84

Schlittelbahnen gibt es in...

AUTOREN QUELLENANGABEN FOTONACHWEISE

Autorinnen und Autoren:
Elisabeth Gebistorf, Luzern
Dr. Maximilian Triet, Schweizerisches Sportmuseum Basel
Marc Zollinger, Zürich

Quellen:
Hans Ulrich von Erlach, 800 Jahre Berner von Erlach
Andres Furger, Kutschen und Schlitten in der Schweiz,
Verlag NZZ
Diplomarbeit Jürg Keller, Niederteufen («Anfänge des
Schlittelsports in Davos»)
Hans Minsch, «Us-em g'schnitzten Trögli»,
Heimatbücher-Verlag Schiers
Ernst Rahm, Arosa Schlittel Plausch

Besten Dank für die Unterstützung an:
Herr und Frau Dr. Aebli, Chur
Christian Caviezel, Schwerzenbach
Markus Käch, Luzern
Jürg Kaufmann, Wintersportmuseum Davos
Bolette Petri-Sutermeister, Kopenhagen
Frau M. Siegrist, Dokumentationsbibliothek Davos

Fotos:
Umschlagbild: Christian Perret, Emmetten

Seiten 10/11: Bibliothek Davos

Seite 13: Bibliothek Davos

Seite 14 (oben): Phot. Schweizerisches Landesmuseum, Zürich, Neg. Nr. 61455

Seite 14 (unten): Bolette Petri-Sutermeister, Kopenhagen

Seite 16: Wintersportmuseum Davos (Bild Walter Traffer, Davos)

Seite 18: Bibliothek Davos (Photo Höffler, Davos)

Seite 20: Bibliothek Davos (Photo E. Müller, Davos)

Seite 22: Wintersportmuseum Davos (Foto L. Gensetter, Davos)

Seite 25: Phot. Schweizerisches Landesmuseum, Zürich, Dia 9892

Seite 26 (oben): Phot. Schweizerisches Landesmuseum, Zürich, Neg. Nr. 6153

Seite 26 (unten): Phot. Schweizerisches Landesmuseum, Zürich, Neg. Nr. 54344

Seite 29: Bibliothek Davos (aus: J. Lockett, «Die Engländer in Davos»)

Seiten 32/33: Wintersportmuseum Davos

Seite 39: Reto Goetschi, Hausen a.A.

Seite 58: Samy Stöckli, Amden

Seite 63: Kur- und Verkehrsverein Silvaplana

Seite 67: Bibliothek Davos (Photo L. Gensetter, Davos)

Restliche Fotos im Besitz des Verlags

Bolette Petri-Sutermeister
Begegnungen auf Spitzbergen
Polarabenteuer damals und heute
224 Seiten, broschiert
ISBN 3–905551–00–4

Im 17. Jahrhundert gaben sich auf Spitzbergen Walfänger
ein Stelldichein, später folgten Expeditionen und Pelztierjäger.
Heute sind es Surfer und Touristen. Aber damals wie heute
wechselten sich vergnügliche mit tragischen Episoden ab.
Bolette Petri-Sutermeister kennt Land und Leute. Sie stellt uns
eine weitgehend unbekannte Insel vor und die Menschen,
Pflanzen und Tiere, die sie bewohnen. Sie erzählt von Herz-
lichkeit und Gastfreundschaft, über Entsagung, Härte und
Abgeschiedenheit.

Bolette Petri-Sutermeister
Nordische Streifzüge
Durch Raum und Zeit
184 Seiten, broschiert
ISBN 3–905551–01–2

Mystische Begegnungen und Erscheinungen gehören in nordischen Gefilden zum Alltag. Bolette Petri-Sutermeister erinnert
sich derartiger Erlebnisse und verknüpft sie mit überlieferten Er-
zählungen und Elementen aus der Sagenwelt des Hohen Nor-
dens zu einer faszinierenden Lektüre. Die Geschichten spielen
in Dänemark, Finnland, Grönland, Lappland, Nordnorwegen,
Schweden und Spitzbergen.